香港百年Ⅱ

光輝歲月

追星、炒樓、錢錢錢，
那段繁榮發展與創造奇蹟的黃金年代

因為……我是香港人！

「為什麼創作《香港百年》？」

創作《香港百年》的原因很單純，就因為我是 700 多萬顆蟻民之一，跟普遍的香港人一樣，過著那辛苦一輩子也買不起半格「階磚」的生活，也活在那文字記錄比行動實踐更為實際的時代中。當慣常的生活越變無情，原來的認知越變越失調，那就在被遺忘前設法記錄下來！如果尚珍惜這顆愛港的心，那就為香港盡一分力，儘管是多不起眼的一個香港平常人家，其實都可以寫下《香港百年》。由平凡的香港人來告訴大家，最真實貼地及共鳴的香港故事，有時別只顧著什麼文采，當下最重要的還是記錄，記錄現在最貼地（接地氣）的民間事實。大家如果還有這顆愛港的心，就用盡自己所能付出的力量，把香港的故事好好寫下來吧！當有心人在努力的同時，還要不停被無聊的人攻擊及批判，那麼還有誰敢走出來寫下香港的歷史印記呢？歷史記錄是需要不同的人逐一去累積的，官方人員又好，文學歷史專家又好，學生研究又好，普通的平常人家都好，不分學歷、背景、身分與地位，每個人如果能夠盡一點綿力，那麼香港的故事才能完整且美好的延續下去！就如先前我在《香

港百年》的作者序中所説，「成為歷史印記也好，成為紀念冊更好」，讓我們各自以不同的方式記錄下我們所認知的「香港」。

這些年香港人越變得冷漠，利益金錢大於一切，人越大越是明顯，社會越是紳士化更是嚴重。不論學識、身分或是地位，我們經常會想起當年，想念那些年單純快樂的日子！在這個很多話都不能説清的年代，令香港人懷念當年的美好，香港經濟崛起時，即七〇至九〇年代，真正的處處機遇，真正的只要有心就能事成，是一個人情、利益與金錢同樣重要的年代。至於我們這一群生於八〇年代的香港人，就被譽為「擁有最美好幸福童年」的一群，我們一出生就見證了時代交替的變遷，我們有令人羨慕的童年環境，亦有令人反思的真實狀況，種種的回憶及變遷，由衰轉盛再由盛轉……比任何一套劇本都來得震撼及戲劇化。未來沒有人能預料，但過去的一切回憶必須要記下，就是那些獅子山下光輝的時光，成為現代人不停掛在口邊的「美好」光影！

本書承接《香港百年》的宗旨，帶讀者從另一角度認識香港人心目中最美好的歲月及香港的誕生，認識百年維多利亞城的事蹟，了解 1970 至 1990 年代風光一時的香港文化與生活。從娛樂事業到經濟發展，從日常生活到我們的童年，一起回想那些年，一起回憶美好的小小時光。每個人都有著不同的回憶，

天星小輪，於 1898 年開始營運，百多年來都在維多利亞港提供兩岸小輪服務。

那麼你們的回憶與印象又是否跟筆者一樣呢？

藉此亦提醒各位香港人，要重拾那堅毅不屈的精神，重拾那充滿人情味的相處，別忘記這才是我們最引以為傲的「香港本色」！

一個沒有人情世故的社會，一些逃避過去的人們……
還想活得幸福快樂？還想看到光明時刻？
連家園的故事都忘記，連人心的好意都醜化，
忘記了歷史，忘記了教訓，忘記了人情，
忘記了一切的單純與美好……
還想得到別人的承認？
憑什麼說香港人？香港人又是什麼？

雪姬

目錄 Contents

2 ｜ 作者序‧因為……我是香港人！

10 ｜ 序幕

Chapter 01

懷念我在你心中照耀過——
那些閃耀過的巨星

16 ｜ 李小龍　中國人唔係病夫！

20 ｜ 周潤發　我大聲講嘢唔代表我冇禮貌，阿 Sir ！

26 ｜ 張國榮　要記得的，始終會記得……

34 ｜ 梅艷芳　在台上我覓理想……

40 ｜ 周星馳　做人如果無夢想，同條鹹魚有咩分別？

54 ｜ Beyond　在最光輝燦爛的時候把生命一下子玩到盡頭，
　　　　　　就是永恆！

60 ｜ 張學友、劉德華、黎明、郭富城　香港樂壇四大天王
　　　　　　經典傳奇

67 ｜ 周慧敏　不要自作多情去做夢

70 ｜ 特別篇‧「來忘掉錯對，來懷念過去，曾共渡患難日子
　　　　　　總有樂趣」

Chapter 02
知否世事常變——香港的經濟起飛

80 | 半斤八兩做到隻積咁嘅樣，聽到「機器」的聲音—香港工業

84 | 體現香港人敢於嘗試和敬業樂業的精神，紡織業與製衣業

94 | 港人獨到眼光港產塑膠品風靡全球，塑膠業與玩具業

102 | 從蓬勃步向夕陽的傳統製錶手藝，鐘錶業

106 | **錢錢錢錢……成日要錢多，聽到「錢」的聲音—香港金融**

111 | 最引以為傲的自由城市，香港自由港政策

114 | 以金錢搭建的金融名城，國際金融中心

122 | 特別篇‧「係技術性調整，沒事，唔駛驚！」
　　　電視劇《大時代》

125 | 香港樓市走向瘋狂之路，炒樓天堂

129 | 炒炒炒……什麼都可以用來炒！現代炒賣大都會

Chapter 03

不朽香江名句

140 | **消失的維多利亞城**

144 | 百年維城概念，四環九約＝維多利亞城

149 | 百年維城刻畫，維多利亞城界碑

154 | 最古老的英國國教座堂，聖約翰主教座堂

158 | **這個漂亮朋友道別亦漂亮**

161 | 實現首次填海建路工程的誕生，皇后大道

164 | 仿佛觸手可及的東方之珠，維多利亞港

170 | 中環街市有「皇后」，域多利皇后街

172 | 埋藏著過去的時間囊，域多利道

174 | 請回憶起，原來就在這裡，皇后像廣場

184 | 特別篇・以英國王室命名的建築分布圖

Chapter 04

童年時，就如此經過──八〇後的童年世界

192 | **我們都是這樣長大的**

195 | 小孩聚在一起就要玩的玩意，八〇年代流行的
　　　「零成本」懷舊遊戲

204 │ 被罰留堂、見家長全都是因為它們，八〇年代流行

　　　「低成本」懷舊遊戲

209 │ 每個家庭必備的玩具，八〇年代合家歡懷舊玩具

214 │ 小時候最吃不停的零食，八〇、九〇年代學校小食部必吃

222 │ 在街上嚷著要媽媽買的小吃，八〇年代孩子最愛街頭小食

227 │ 成績好時會收到的禮物，八〇、九〇年代孩子勝利組的珍藏

233 │ 那些年我們的童年回憶，八〇、九〇年代沉迷至今的

　　　電子遊戲機

241 │ 特別篇・九〇年代學生必備的最潮文化生活雜誌

244 │ 那些年的學校回憶

244 │ 那些年學生的追星方法，從手抄歌詞到學懂中文輸入法

246 │ 那些年，學生的流行打扮。紅極一時的杜拉格斯頭&

　　　四季冷毛衣

248 │ 那些年的少女心事，寫信談心交換手帳

250 │ 那些年的暑假回憶，筆者的暑假都在學校度過

254 │ 那些年印證著童年的電視課程，教育電視 ETV

260 │ 特別篇・爆笑阿媽傳說

266 │ 後記

271 │ 參考資料

序幕

光輝映照過的曾經
拼命發奮過的痕跡
閃耀璀璨過的背影
辛勞熱血過的幸福
平凡單純過的日子
沒遺忘且過的生存

經歷風霜歲月蹉跎
人心漸忘卻了當初
重回日復日的沉溺
不可再的吱喳唱和
兩極的生活與生存
剩適者生存或逃離

曾經滿街笑臉歡樂
如今滿臉愁雲憂懼
就算深嘆也感無力
就連愁眉也感無用
然而無理也成常理
然後無常也成平常

仍然呼著同一口氣

完美地適應在其中

這才是真正「香港人」

主教山配水庫，一級歷史建築，建於 1904 年，直到 2021 年被發現，並於 2022 年開始成為
保育觀景點，提供有限度的參觀導覽。

那些閃耀過的巨星

懷念我在你心中照耀過—

「當你見到光明星星請你想想起我！
當你見到星河燦爛求你在心中記住我！」
——《明星》張國榮／1976 年

　　人一生中，心裡都會有幾個明星偶像，於不同的時代，不同的階段，都有著不同的追捧對象。現在回想起來，筆者小學時期，還是香港明星大流行的時代；到了中學時，就開始有了 J-POP 熱潮，不少的日本偶像、樂團、日劇、歌曲等在香港盛行。還記得當年因為一套經典日劇《戀愛世紀》（台譯：戀愛世代）熱播，而令無數年輕人都想擁有那個代表著愛情的水晶蘋果。後來，又因為一套改編自著名日本漫畫的劇集《流星花園》出現，剎那間令台劇潮流熱爆全香港，大家紛紛由日文歌轉投國語歌，頻道再由日劇轉到台劇。近十多年，K-POP 文化席捲全球，令香港男女老幼都追捧起韓劇，一家大小都在電視機前追看《天國的階梯》；當年每套韓劇無論是喜劇還是悲劇，關鍵就是要流爆多眼淚，而且必定要有人離世，能掌握到觀眾的眼光，一直追看的必備條件，始終相同。

　　那麼想當年 1970 至 1990 年代曾經紅極一時的港星、港

劇、港產片潮流，又如何？現在年輕一代可能不了解，但 HK–POP 文化確實就曾憑著真正的實力紅遍亞洲。在 1980 至 1990 年代的台灣，甚至是韓國等地，人們都熱愛看港產片，跟香港人一樣最愛的必然是發哥和星爺，也愛哼著哥哥唱的那句「輕……輕笑聲 在為我送溫暖……」《英雄本色》主題曲。雖然到了今天，有幾位曾經為香港閃耀過的巨星已隕落，但我們仍然會懷念他們，敬重他們那段光輝璀璨的一生，還有曾帶給我們的歡愉時光。

中國人唔係病夫！

——李小龍 *Bruce Lee*

· 國際神級武打巨星、截拳道始創人
· 1940～1973 年
· 代表作：《精武門》、《唐山大兄》、《猛龍過江》、《龍爭虎鬥》及《死亡遊戲》等

一鳴驚人的《精武門》

　　1972 年電影《精武門》的一幕經典場面、一句經典對白，震撼全世界，令全球華人為之動容。劇情講述，由李小龍所飾演的「陳真」單人匹馬，拿著一幅長約一米多，包裹著的牌匾（原

由日本人送出）走進了日本人的武館，然後在眾多日本人面前撕掉包裝，亮出寫有「東亞病夫」的牌匾，並以精武館最「水皮」（窩囊）的徒弟身份，來這裡「踢館」挑戰日本武術。最終，他一個人以迷踪拳和雙節棍打敗全場，然後說了一句「中國人唔係病夫」，接著砸爛牌匾拿出「東亞病夫」的紙，塞進當時挑釁他們的日本人口裡，說出「呢次要你哋（你們）食紙，下次就要你哋食玻璃！」就是這一幕「中國人唔係東亞病夫」，令當時每個看戲的華人都握拳叫好，更成就了對於香港人是中國人這個身份，有史以來最高漲的認同感，此舉還帶動了全球華人社會的「中華民族主義」情緒。

我們崇拜的超級英雄

　　李小龍自小身體屢弱，所以父親在他 7 歲時便開始教他耍太極拳，鍛鍊體魄。怎料到 15 歲時，因為在一場街頭幫派衝突中打架輸了，便於朋友的介紹下慕名去學「詠春」。當時他特意去了油麻地利達街，找一名人人皆知的一代宗師拜師學藝，那就是我們非常熟悉，在電影裡經常看到的「葉問」師傅。拜

師不久後的李小龍，因為覺得詠春的練習和步法過於單調，曾一度放棄，不過後來在一次的街頭打鬥中，他使出了一招詠春的「日字沖拳」擊倒對手，所以又回心轉意，重返詠春門下繼續苦練功夫，最後更獲得葉問的賞識及真傳，成為其中一名大弟子。1959 年，李小龍的家人決定將他送回美國，並在大學時期，主修戲劇兼修哲學及心理學等，還在大學期間認識了他之後的妻子。1962 年，他開辦了首個「振藩國術館」教授中國武術，更在其後於多場武術比賽勝出。除了向華裔朋友教授武術外，李小龍還會傳授給非華裔的人士。1967 年，他在洛杉磯中國城內的振藩國術館，正式創立其自創的武術哲學門派「截拳道」。

英年早逝的超級功夫英雄

李小龍從小就出演過很多的粵語片，更於 1950 年首次以男主角身份出演電影《細路祥》。過去只有 10 歲的他，曾正式以「李小龍」這個藝名成為

「Empty your mind. Be formless, Shapeless, like water. Water can flow or it can crash. Be water, my friend.」
——《死亡遊戲》經典對白。
中譯：清空思緒，如水無形。水能載舟，亦能覆舟。如水般，朋友。

「As you think, so shall you become.」
——《龍爭虎鬥》經典對白。

中譯：你想成為怎樣的人，你就會成為那樣的人。

「粵語片天才童星」。後來，回到美國讀大學時，他得到美劇《蝙蝠俠》製作人的賞識，進行試鏡，最後受邀出演《青蜂俠》配角「加藤」（Kato）一角。從這部美劇開始，李小龍便出演或客串了不同的劇集和電影，到了 1970 年，受到嘉禾邀請，他回到香港發展，在三年間拍攝了四套著名電影，其中包括了《精武門》和《唐山大兄》等。然而卻在 1973 年 5 月 10 日，李小龍突然在片場配音時嘔吐及抽筋並陷入昏迷狀態，經搶救後康復出院，並再次投入拍攝。不過兩個月後，李小龍竟在電影《死亡遊戲》的拍攝會議中，因突然的頭痛不適，然後在服用了止痛藥後引起過敏而離世，享年僅 32 歲。

李小龍的電影和功夫深入民心，他的一切都成為了香港人的集體回憶，並存在於每個人的心中。李小龍更深深影響了全球 1970、1980 年代青年的成長，他的功夫哲學理念 Be Water（如水般），成為了當代社會生存的基本原則，不少演藝名人都是李小龍精神的支持者，如：甄子丹、周星馳、黃子華等等。

我大聲講嘢唔代表我冇禮貌，阿 Sir！
——周潤發 Mark 哥

· 超級電影巨星、影帝、人稱「民間特首」
· 1955 年
· 代表作：《英雄本色》、《龍虎風雲》、《阿郎的故事》、《上海灘》、《監獄風雲》及《賭神》等

　　人稱「發哥」、「賭神」等的周潤發，小時候因為家境一般，所以 17 歲就輟學開始出來打工、幫補家計。當時只有中三（即國中三年級）學歷的他，就曾經做過擦鞋工人、辦公室助理、

郵包搬運工人等職業。在 18 歲那年，他成功考上了當年由邵氏兄弟和無線電視合作的電視藝員訓練班第三期，經過電視台的訓練後，開始陸續出演不同的電視劇配角，直到 1976 年出演著名長篇電視劇《狂潮》才開始為人熟悉。其後主演的電視劇《親情》、《網中人》及《火鳳凰》都大受歡迎，並於 1980 年在超經典民初電視劇《上海灘》中飾演許文強一角，進而一躍成為了家傳戶曉的超級華人明星。

我們敬重的超級巨星

「我大聲講嘢[1]唔代表我冇禮貌，阿 Sir！」
——《監獄風雲》／ 1987 年

從 1976 年開始，發哥便陸續接拍了多部電影，到了 1980 年代初期，因為所主演的電影都不叫座，所以更曾一度被稱為「票房毒藥」，令演藝事業陷入低潮。直到 1986 年和狄龍、張國榮一起主演經典動作犯罪片《英雄本色》，飾演 Mark 哥一角再次叫好叫座，更令 Mark 哥熱潮風靡全港深入民心，而且更憑此電影首次贏得香港電影金像獎最佳男主角。其後，發哥接拍了多部電影都非常受歡迎，其中包括了《監獄風雲》、《秋天的童話》、《阿郎的故事》等。到了 1980 年代末期，與劉德華

---

1 「講嘢」：即「講話、説話」的意思。

「人生於世上有幾個知己，
多少友誼能長存」

《監獄風雲》經典一幕

合演《賭神》系列，以高進一角再次掀起潮流。接著，發哥憑著不同的電影多次贏得台灣金馬獎、香港電影金像獎、美國電影協會頒發的亞洲傑出演員獎等，在電影圈的成就非凡。於 2018 年發哥有份、參演的電影已經超過 100 部，絕對是深受香港甚至華人社會愛戴的電影巨星，發哥的受歡迎程度不只華人社會，他同時更花了三年時間學習英語，以了解和接受荷里活（好萊塢）電影的演出，並曾經出演過的包括《安娜與國王》和《加勒比海盜3》等。

　　發哥貴為香港的超級影帝，在公共議題上都是敢於發言且不失溫和。平日的發哥都是多麼得貼地親民，跟平凡人一樣，會去街市（菜市場）買菜煮飯，到處去吃好吃的，不論是小店還是茶餐廳。他更是行山愛好者，經常會被山友在登山路上「捕獲」，而每次山友要求合照時，發哥都會主動拿起手機一同自拍。發哥曾經說過，要和他合照的話，一定要發哥自己親自拿機拍，絕對不會由別人拍得他醜醜的。這些親民的形象和作風一直都深入民心，一點巨星的架子都沒有。而且去爬山「捕獲

發哥」更成為香港山友們的期待，大家都認為能巧遇發哥，開心過中六合彩（彩票），所以幾十年來發哥都深得香港人的愛戴和敬重。

「我係賭神！」

筆者小時候最愛和爸爸一起看發哥的電影，印象最深刻的一幕是……隨著那賭神出場背景音樂緩緩響起「登～登登登，登～登登登……」，發哥梳著會「反光」的賭神髮型（All back 油頭，大背頭），穿著「型到跌渣」（帥到掉渣）的黑西裝，吹著那微煙的雪茄菸，「嗒」著那能激發賭術的巧克力，摸著那手指上的玉指環使出花式拉牌……

這幾幕就是在香港人心目中無人能及的經典賭神登場一刻，筆者和爸爸每次看到這一幕都會不禁大叫「嘩！賭神啊！」無論是第一次看，還是每次重播看到，都同樣抵擋不住高進型、英、帥的魅力。

「我大你一百萬！」

《賭神》經典對白

　　由發哥主演的電影《賭神》（1989 年上映），以賭神高進一角掀起了香港賭博片的熱潮，更獲得當年香港票房冠軍。其後《賭神》系列更開拍了《賭俠》（1990 年 12 月上映，劉德華主演）、《賭俠 2 之上海灘賭聖》（1991 年上映，周星馳主演）、《賭神 2》（1994 年上映，周潤發主演）和《賭神 3 之少年賭神》（1996 年上映，黎明主演），全部都是熱爆票房、叫好又叫座的作品。同時，還有十多部延伸電影，包括同樣是香港票房冠軍的《賭聖》（1990 年 8 月上映，周星馳主演）。

　　《賭神》系列的電影是香港每一代人的集體回憶，甚至連現在的小學生都還在看。因為《賭神》系列電影在這幾十年間，在香港電視台都是每逢週末或大時大節重播的電影首選之一，於是就百看不厭了。

黑幫大佬英雄片的先河

「阿 Sir，我冇做大佬好耐 ² 喇！」

「我衰咗三年，我等一個機會，爭返口氣！唔係要證明，話俾人聽我威！，只係想話俾人聽，我唔見咗嘅野我想自己攞返 ³！」

「真係估唔到 ⁴ 香港嘅夜景原來咁靚，咁靚嘅野一下就無晒 ⁵，真係有啲唔抵 ⁶！」

　　——《英雄本色》／ 1986 年

穿著長褸（Mark 哥褸）、戴著墨
鏡、咬著火柴，這就是經典
的 Mark 哥造型。配上一
句又一句令人難忘的對
白，對於生活在 1980
年代的香港人來說，樣貌是多麼刻骨銘心，這就是香港黑幫英
雄片的經典——《英雄本色》。這部電影的主演原本只有狄龍
和張國榮，發哥所飾演 Mark 哥的角色只是配角而已，而且原本
還打算找其他人來演出，但因為該港星的檔期問題，最後就找
了發哥來演出。原本 Mark 哥一角戲份不多，只有十多天的拍攝
期，但因為發哥一開始拍攝，演技便發揮得淋漓盡致，更把角
色演活了，最後讓電影公司加重戲份，結果 Mark 哥一角大受歡
迎。而且發哥更憑此角色，首度勇奪香港電影金像獎最佳男主
角。當年在頒獎典禮上，發哥一身軍褸便服打扮上台領獎曾引
起熱話，在說致詞時更以 Mark 哥的經典對白說到，「我等咗三
屆，點解今晚等我冇心理準備同埋最攰嘅時候先得到呢個獎。」

2 「好耐」：即「很久、很長時間」的意思。
3 「攞返」：即「拿回來、取回的意思。
4 「估唔到」：即「想不到、猜不到」的意思。
5 「無晒」：即「什麼都沒有了」的意思。
6 「唔抵」：即「不值」的意思。

要記得的，始終會記得……
——張國榮 *Leslie Cheung*

· 超級巨星、哥哥

· 1956 ~ 2003 年

· 代表作：歌曲《風繼續吹》、《Monica》、《當年情》、《無心睡眠》、《左
右手》等；電影《英雄本色》、《倩女幽魂》、《阿飛正傳》、《東邪西毒》、
《家有囍事》、《胭脂扣》等

「當年情常在心，紅塵夢醒無憾 ¹」

2003年4月1日晚上6時43分，愚人節

大家都在想「到底是誰開了這個最大的玩笑！」筆者當時正在熱線中心的晚班工作中，突如其來傳來無數女同事的哭泣聲……還在想發生了什麼事情？大家都非常著急的想要一個證實。「這只是哥哥為我們開的一個玩笑嗎？」不過，電台的主播卻帶著飲泣的聲線，為全香港報導這則突發消息。

大家忽忙地跑到休息室，開著電視機觀看這「突發新聞」。原來，哥哥……真的選擇了在愚人節離開了我們。一切都不是玩笑，一切都是真實的！到底他有多麼得痛苦，是我們無法想像及理解的呢？

2022年4月1日，愚人節

筆者剛巧在哥哥逝世十九周年的這天，寫著屬於哥哥——張國榮的故事，此刻各個媒體都在悼念著哥哥，街上店舖播放著的都是哥哥的名曲。還記得，筆者小時候最喜歡的兩位明星就是哥哥和梅姐，經常都在想「哥哥為什麼會這麼靚仔呢？」

---

1 「當年情常在心，紅塵夢醒無憾」：出自香港著名填詞人、哥哥的好友林夕先生的手筆，也是哥哥的墓碑上刻著的句子。

爸爸更會在家中播放哥哥和梅姐的唱片，所以當筆者得悉哥哥選擇離開人世時，打擊跟當時的大家一樣震撼！所以筆者也想在這裡跟哥哥說：

「哥哥，你現在還好嗎？
你離開了但你帶給我們的愛卻散落四周，
十九年來香港人都在愚人節這天悼念你，
現在的愚人節都不像愚人節了，
我們都好想念你，你是我們永遠的哥哥！」

我們難忘的超級明星

張國榮，我們都稱呼他為「哥哥」的已故超級明星，是香港粵語流行音樂和電影文化最光輝時期的天王巨星和標誌性代表人物之一，同時亦是全球華人流行文化最具影響力，於歌影視三棲發展，以及商業與藝術最為成功的藝人之一。他的受歡迎程度不只於華人社會，更紅遍亞洲如日本和韓國，不僅知名度高，他的粉絲人數更是無數。他那眉清目秀的絕色美男外貌，加上風度翩翩人品好，無論在娛樂圈中還是圈外，都是極受愛戴的人物。就算哥哥已離開我們這麼多年，他的美貌直到現在，仍然是香港最美男明星的第一位，純天然沒加工的英俊臉龐，是我們香港最「靚仔」的佼佼者。

　　哥哥於 21 歲即 1977 年時，參加麗的電視（亞洲電視前身）舉辦的業餘歌手大賽，以《American Pie》一曲勇奪香港地區的亞軍後正式出道。翌年，推出英文唱片《Day Dreamin'》，後於第二屆香港金唱片頒獎典禮中獲獎，1979 年則推出首張粵語唱片《情人箭》。哥哥出道初期的歌手形象是反叛又浪漫，因為路線走得太前衛，所以沒被大眾受落，更曾在大型表演中，把自

己的帽子扔下台送給觀眾後，但卻被觀眾無情的扔回台上，並為努力的哥哥報以熱烈的「噓聲」，當時令他受了超大的打擊。

哥哥的傳奇歌聲

　　直到 1983 年轉換唱片公司後，哥哥才以嶄新形象推出第二張粵語唱片，那就是就最著名的《風繼續吹》，同名的主打歌一推出就成為家喻戶曉的經典名曲。其後推出的《Monica》更令哥哥紅遍全香港，而當時此曲的唱片《Leslie》，更在短時間內銷量一舉突破四白金，為哥哥在樂壇奠定了巨星的地位，並於 1985 年首次舉辦演唱會就能突破十場的佳績。1985 至 1990 年間，處於巔峰期的哥哥，橫掃各大頒獎禮的獎項，1986 年曾出現的經典畫面，當年十大勁歌金曲季選的十首得獎歌曲中，哥哥一人便獨佔了七首歌曲，成績超

《風繼續吹》

卓。其後哥哥在不同的音樂頒獎禮上亦獲得優秀成績，1987年憑大碟《Summer Romance》，成為當年全港最高銷量唱片，並奪得國際唱片業協會全年銷量冠軍大獎，該唱片的主打歌《無心睡眠》再度橫掃各個樂壇頒獎禮。

哥哥知名度更衝出香港紅到日韓地區，就在1987年，哥哥憑國語專輯《愛慕》打破了韓國華語唱片的銷量記錄，並成為第一位享譽韓國樂壇的香港歌手，更於1989年獲得了韓國主辦的亞洲十大最受歡迎藝人之一的殊榮。大家可否知道，直到現在，韓國的綜藝主持界，包括綜藝大神劉在錫等，都經常會在節目中高唱哥哥的名曲《當年情》（電影《英雄本色》的主題曲），可見哥哥在韓國的影響力和受愛戴的程度。不過就在哥哥歌唱事業處於高峰的時期，他卻選擇急流勇退，宣傳退出樂壇，但又於1995年正式宣布復出，並推出名曲《追》，此曲同時成為了著名電影《金枝玉葉》[2]的主題曲，這次的復出為哥哥在香港和韓國樂壇再創下佳績，並再次創下最高銷量記錄。在之後的數年間，他的音樂事業均備受肯定，還舉辦了多次大型的世界巡迴演唱會。哥哥的歌曲，哥哥的歌聲，在他離開了這麼多年後，仍然長留在我們的心中。

2　《金枝玉葉》：由袁詠儀、張國榮和劉嘉玲主演；袁詠儀更憑此作品首次獲得影后殊榮。

除了歌聲，還有影子

哥哥除了在樂壇發光發亮外，更是在影壇有著傲人的佳績。於 1977 年剛出道時，他就已參演過多套電視劇，再於 1980 年代初開始了電影生涯，並留下多部傑出的代表作品。當中最經典的角色包括：《英雄本色》中的宋子杰，《倩女幽魂》中的寧采臣，《胭脂扣》中的十二少，《阿飛正傳》中的旭仔，以及《家有囍事》中的常騷等。對於筆者來說，雖然印象最深刻的是常騷一角，但那是因為《家有囍事》在電視重播得太頻密了。不過，於 1991 年上映的《阿飛正傳》才真是經典，它為哥哥摘下了首個香港電影金像獎最佳男主角之影帝寶座。其後的十年間，哥哥不斷出演不同種類的電影角色，由文藝片到動作片等都能逐一駕馭，並且在各地影壇頒獎禮上獲得不少獎項肯定。最後，他憑 2002 年上映的《異度空間》，再一次獲提名香港電影金像獎最佳男主角，但這偏偏成為了哥哥的最後遺作。

哥哥離開後，不同城市都為哥哥追頒其對演藝行業的貢獻及肯定，其中就包括了美國 CNN 的「史上最偉大的 25 位亞洲演員」之一。哥哥的人生拿了很多次「第一」，例如：首位香港演員參與奧斯卡金像獎、康城影展（坎城影展）、金球獎，另外更是首位被收錄進《大英百科全書》（Encyclopædia

Britannica，又稱不列顛百科全書）的當代巨星等。哥哥就像那銀河裡的星星，讓我們默默愛過，而且一直在我們心中照耀著，沒有離開過。當我們見到光明星星，我們會想，想起你……張國榮，屬於香港永遠閃耀的巨星。

> 「我聽人講呢個世界有種雀仔係無腳嘅，佢只可以一直咁飛啊飛，飛到邊嗰陣就喺啲風入面瞓覺，呢種雀仔一世就只可以落地一次，嗰次就係佢死嘅時候……」
> ——《阿飛正傳》經典對白／1990 年

穿著白色底衫短褲，躺在床上，抽著香菸，時鐘滴答滴答的響著……

在台上我覓理想……

──梅艷芳 Anita Mui

· 超級巨星、樂壇大姐大、梅姐、香港女兒、天涯歌女

· 1963 ~ 2003 年

· 代表作：歌曲《將冰山劈開》、《烈焰紅唇》、《妖女》、《夕陽之歌》、《似
　水流年》、《壞女孩》、《淑女》、《飛躍舞台》等；電影《審死官》、《胭
　脂扣》等

我係淑女，唔好掂我！

經典的百變淑女

筆者還記得小時候便是梅姐的粉絲，玩角色扮演時經常都學梅姐唱歌。當年在小孩間最愛的就是《淑女》一曲，因為 1980 年後期的香港，每個家庭都很流行在家裡擺放白色蕾絲編織桌布，用來作室內裝飾，而當時還小的我們，就會拿這一大片白色蕾絲蓋著頭，充當成梅姐在《淑女》內經典又誇張的白色蕾絲頭飾的「家用版」，然後重點是：一定要說一句《淑女》的經典歌詞獨白「我係淑女，唔好掂我！」（我是淑女，不要碰我！）。那段時期家中的孩子滿常使用這句獨白的，特別是阿

「淑女豈會貪新鮮，淑女尋夢都要臉，淑女形象只應該冷艷，所愛所要所有，莫說今宵永久的等那明天⋯⋯我係淑女，唔好掂我！」

——《淑女》梅艷芳／1989 年

媽想打你時，你總會突然說出這句「我係淑女，唔好掂我！」
當然最終都會醒覺，阿媽要打你的時候，永遠都不會因為你說
了這句話而有所動搖和改變！

我們懷念的超級天后

梅艷芳人稱「梅姐」，已故的
超級巨星，更是張國榮的知己好友，
繼 2003 年中旬哥哥離開後，於同年年
底，梅姐和哥哥好像有著默契般因病
離世。2003 年對於香港人來說，可
說是最遺憾的一年，兩位 1990
年代風靡一時的超級巨星同
年殞落。梅姐一直都被稱為
「樂壇大姐大」，是樂壇女
歌手的殿堂級代表。她在
1982 年出道，歌曲風格都走
在潮流的尖端，既冶豔又前衛，而且她的每套打歌衫都十分華
麗、誇張且大膽，絕對只有梅姐自己能駕馭，形象打扮可說是
千變萬化，每個造型都獨特得叫人難忘，故此被大眾喻為「百
變天后」。

幾代人的經典兒歌回憶

「靈感IQ稱得上，十分之高超！創作力量同幻想，會嚇你一跳！小雲同小吉好重要！美夢如炸彈開心的轟炸！天空朗日也偷笑！豬仔嚟啦⋯⋯」

　　說到第一首讓大人和小朋友都朗朗上口的梅姐歌曲，若是香港人的話，基本上一定會懂、會唱，那就是在1983年開始播放的經典卡通片《IQ博士》（台譯：怪博士與機械娃娃），沒錯就是香港版《IQ博士》的主題歌。一句「豬仔嚟喇！」（小豬來了），然後電視畫面下一秒就會出現「豬仔」，再配上梅姐低沉的音調，但卻扮成小孩且帶點可愛又搞鬼的唱法。《IQ博士》一開播，此曲就成為了當時小朋友的最愛，而且電視台甚至舉辦過主唱者競猜遊戲，直到現在已經成為了街知巷聞，幾代人都懂唱的兒歌。而且因為這首歌的出現，令卡通片主題曲的地位變得相當重要，其後電視台也陸續邀請主流紅歌手，來為卡通片主題曲高歌。

梅姐與哥哥，如花與十二少

　　一名叫如花（梅姐飾演）的女子，想要登報尋找自己的愛人，便纏上一名報社記者，請求他幫忙；怎料原來如花已是鬼魂。如花訴說著她和愛人十二少（哥哥飾演）的愛情故事；發生在1930年代（即塘西風月內），作為青樓歡場女子的她，遇上了英俊不凡的富家公子十二少，然後墮入愛河，但卻遭到十二少家人的反對。如花讓十二少跟她一起吞食鴉片膏殉情，欲共赴黃泉再續前緣。但是如花在陰間苦等了五十年都找不到十二少，便決定返回陽間尋找，最後得報社記者的幫助下，在一個片場找到十二少。原來十二少當日被獲救，但卻沒有勇氣再尋死，之後家道中落，更自暴自棄了幾十年。知道真相後，愛人又老去，如花都再沒留戀，便把訂情信物胭脂扣還給十二少後，便返回陰間投胎去了。

　　梅姐除了在歌唱事業有超卓表現外，在影壇方面也有優秀表現，並曾多次獲得香港電影金像獎最佳女主角的提名，而令她真正得嘗影后寶座的電影就是1987年上映的《胭脂扣》。這部由梅姐和哥哥合作，最強的經典文藝愛情電影，正是兩位樂壇風雲人物正值巔峰的時期，電影一上映便擁有最強號召力，兩人的合體成就了這部令人難忘的電影故事。兩位巨星都把角

色演繹得淋漓盡致，梅姐更把如花那執著誓死相隨，對愛人尋尋覓覓的堅持，卻又保留著身上那一點風塵味（如花是一位對愛情充滿著期望的歡場女子），詮釋得恰到好處。再配合上哥哥把十二少演得風華絕代，角色非常到位，完美成就這不能不看的經典之作。《胭脂扣》不但令梅姐在影壇拿到了第一個最佳女主角的肯定，並成為和哥哥一樣，歌影視三棲都成功的藝人之一。

「祈望不再辜負妳，痴心的關注，人被愛留住⋯⋯」
——《胭脂扣》／ 1987 年

做人如果無夢想，同條鹹魚有咩分別？
——周星馳 Stephen Chow

- 超級影星、喜劇之王、星爺、星仔
- 1962 年出生
- 代表作：電視劇《他來自江湖》、《蓋世豪俠》；電影《賭聖》、《逃學威龍Ⅰ、Ⅱ、Ⅲ》、《鹿鼎記》、《國產凌凌漆》、《西遊記》、《食神》、《喜劇之王》等

到底得了「無定向喪心病狂間歇性全身機能失調症」會如何？

　　一位帶著眼鏡的醫生推著輪椅，把包裹著頭，呆頭呆腦的常歡（星爺飾演）送回病房，惋惜地說，他得了萬中無一的「無定向喪心病狂間歇性全身機能失調症」。「佢嘅行為無邏輯、

1「邊個」：即「誰人、是誰」的意思。

2「無大無細」：即「長幼不分」的意思。

3「家陣」：即「現在」的意思。

4「老笠」：即「打劫」的意思。

5「底褲」：即「內褲」的意思。

6「咩話」：即「說什麼」的意思。

7「四眼仔」：即「戴眼鏡的男人」的意思，因為人戴上眼鏡後有如多了兩隻眼睛，所以在香港戴眼鏡的就叫「四眼仔」；男的是「四眼仔」，女的是「四眼妹」。這裡的四眼仔是指醫生。

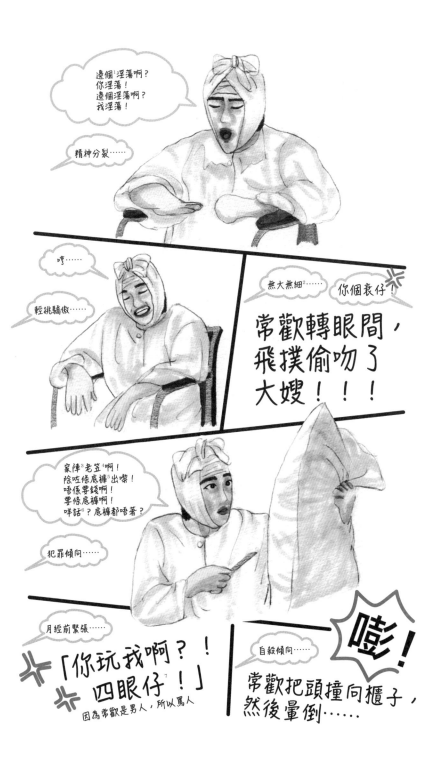

曾經有份摯真嘅愛情擺喺我面前，
但我無去珍惜；
到無咗嘅時候先後悔莫及，
塵世間最痛苦莫過於此。
如果個天可以俾個機會我返轉頭嘅話，
我會同個女仔講我愛佢，
如果係都要喺呢份愛加上一個期限，
我希望係……一萬年……

——《西遊記》／1995年

無規律、無意識，簡直可以話係不可理喻！」醫生説。至於病徵則是「抑鬱、癲癇」，同時常歡也隨著解説逐一病發（示範）起來。

星爺的電影，簡直就是陪著每一代香港人成長的必備佳品般，存在於我們的人生中。從當年每次有星爺新戲上映，就紛紛跑去電影院捧場，再到每個休假都趕到租碟舖「打崩頭[8]」地租影碟回家看的時代，發展到後來變成不用花錢，電視台每隔幾周就會重播，年年月月如事，「逼」你看到差點反過來，都

8「打崩頭」：又可以說「爭崩頭」，即以「頭都爭破了」的種情景來形容競爭非常激烈。

能背出經典對白的程度。而且每次收看，都會令你捧腹大笑，即使已經知道下一步的劇情，但雙眼仍是會不由自主地停留在電視螢幕上。

　　星爺的電影蘊藏著很多人生的道理，小時候看可能純粹因為搞笑，但等你長大了再看，就會發現，內容其實充滿著對社會的挖苦和嘲諷。加上，星爺多數的電影，劇情節奏都很明快，內容又是容易令人會心微笑，甚至「笑到反肚」，所以適逢大時大節或長假期時，甚至是社會氣氛特別沉重的時期，若想要增加歡樂氣氛或沖喜一下，播放星爺的電影，必然是最佳首選了。就像剛才那經典的對白是出自《家有囍事》，那句「無定

—— 《審死官》（威龍闖天關）／ 1992 年

43

向喪心病狂間歇性全身機能失調症」，我相信沒有一位香港人是沒聽過的，而這套電影於 1992 年上映，當年更成為了香港票房第二位高的電影，而三十年來筆者至少也應該看過 20 次或以上……至少每年的春節假期電視台必定會重播。

不過，若票房第二位都看過二十次的話，更何況是當年的票房第一名，絕對是難以計算。1992 年票房第一名都是星爺作品《審死官》（台譯：威龍闖天關），但應該說當年的第一、二、三、四、五、八及十名都是星爺：《審死官》、《家有囍事》、《鹿鼎記》、《武狀元蘇乞兒》、《鹿鼎記 II 之神龍教》、《逃學威龍 2》及《漫畫威龍》。同年，星爺被美國名流雜誌評為「全球最有趣男明星」，而且至今仍然是唯一一位獲此殊榮的華人。另外，他更於韓國漢城亞太國際電影節，以《審死官》榮獲「亞太影帝」寶座。

我們最愛的超級笑匠

周星馳綽號「星爺」，是香港最具代表性的喜劇巨星，笑匠的地位更是無人能取代。他於 1980 年在麗的電視擔任臨時演員而入行，翌年和當時的好友梁朝偉一同報名「電視藝員訓練班」，但卻只有他沒獲取錄，最後再經另一位好朋友介紹，才成功進入了同期的夜訓班，在訓練的後期陸續接到臨時演員通告。

《430 穿梭機》中的《黑白殭屍》單元劇

1983 年在夜訓班畢業後，第一份工作就被安排到兒童節目《430 穿梭機》，並做了 4 年主持人。當時，他在節目的小單元劇「黑白殭屍」中扮演主角「黑殭屍」，這個角色的風格突出，令大眾喜愛，而且星爺在劇中獨特的演繹方法，就是成就他日後主演電影成功的基礎。到了 1987 年，星爺終於兒童節目組下車，開始參與出演經典長壽綜藝節目《歡樂今宵》和電視劇與電影。1988 年，他出演電影《霹靂先鋒》，並首次獲得金馬獎最佳男配角。之後星爺受到電視台的力捧，首次擔任男主角出演經典古裝武俠劇《蓋世豪俠》，並憑此劇締造出香港人的經典口頭禪「大家坐低飲啖茶，食個包！」其後，星爺再接拍了電視劇《他

來自江湖》，與吳孟達合力演出無厘頭搞笑戲份；從此劇的完美
合作開始，成功打造了兩人往後雙劍合璧的電影演出基礎。在
過去，基本上每次在電影中看到星爺，必定會有吳孟達的出演，
倆人合體出演的化學反應，到現在都是無人能及的。

想不想紮啊？

我問你想不想紮？

答非所問，
我問你想不想升職呀？

誰要你的貞操，
我要你的青春。

我不想做鴨，Sir。

我是不會做鴨的，Sir。

……想，
但是我是不會
出賣自己的貞操的。

青春對於我來說和
貞操一樣那麼重要，Sir。

——《逃學威龍》／1991 年

　　到了 1990 年，逐漸邁入星爺的電影顛峰期，無數的經典作品出現，如：《賭聖》（突破了當時電影票房最高記錄）、《賭俠》、《逃學威龍 I、II、III》、《審死官》、《唐伯虎點秋香》、《家有囍事》、《鹿鼎記》、《九品芝麻官》、《國產凌凌漆》、《西遊記》等，其後星爺出演的每一部作品都是經典之中的經典，數量太多亦不能盡錄。不過作品的受歡迎程度更令中、港、台的電視台不斷重播，並於世界各地獲得無數電影獎項，獨特的無厘頭搞笑風格，成功為他建立了香港笑匠神級的地位。

各位觀眾，五條煙！

——《賭聖》／1990 年

PLUS 1
出貓？出貓唔啱嘅，出貓唔好！無咩我哋返出去喇！
——吳孟達

· 達哥、星爺的黃金拍檔
· 1952 ～ 2021 年
· 代表作：《賭聖》、《天若有情》、《逃學威龍》、《審死官》、《鹿鼎記》、
  《西遊記》、《食神》等

出貓（即作弊）？
出貓唔啱嘅，
出貓唔好！
無咩我哋返出去喇！

——《逃學威龍》經典對白。

　　已故香港演員「達哥」，是少數單靠演配角亦紅遍華人市場的演員，他曾於 1991 年以《天若有情》，拿到了他人生中唯一一座香港電影金像獎最佳男配角獎座。然而，令大家都深刻印象的莫過於，他與星爺十多年來的合作無間演出。他們早於 1989 年拍攝電視劇《蓋世豪俠》和《他來自江湖》時，便一拍即合，憑著二人那無厘頭又搞笑的互動演出，成功一起入屋[1]得到了大眾的支持。其後，兩人更於電影圈不斷合作出演，合演的作品就超過 20 套，而且每一套都是高票房的經典代表作。

　　當中，最最最令大家難忘的必定是《逃學威龍》系列。戲中，星爺飾演重案組臥底周星星，達哥則飾演重案組之虎曹達華，兩人一同在學校潛伏，假裝成兩父子並查案；戲中完美的默契和互動，令整部電影升華到沒有悶場的境界。但後來傳出，在 2001 年的電影《少林足球》殺青後兩人開始不和，之後就沒有再度合作，而且情義亦因兩人身分和想法不同而漸漸疏遠。直到 2021 年達哥離世前，兩人都再沒有合作過，所以《少林足球》就成為了兩人最後合作的作品，這是影迷們覺得非常可惜的事實。

1「入屋」：即受到廣大家庭觀眾喜愛、接納和歡迎。

PLUS 2
一飛沖天去，一飛沖天去，小小穿梭機
——《430 穿梭機》

· 播放年份：1982 年至 1989 年

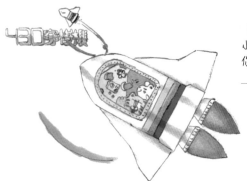

「一飛沖天去，一飛沖天去，
小小穿梭機，世界這樣奇，帶
你看遠地，特別有趣味」

——《430 穿梭機》主題曲

　　這套香港超經典的兒童節目，每逢星期一至五的下午 4:30 播出，加上節目活動的背景是在太空中的穿梭機內，便取名「430 穿梭機」，是 1980 年代的孩童放學後，做完功課就要立即追看的電視節目。節目中除了有小單元劇「黑白殭屍」（周星馳主演）外，還會有不同環節與孩童互動的小遊戲和活動。例如《我都做得到》是為孩童實現體驗理想職業的願望；《有你有我廣場》讓孩童在節目中進行才藝表演等。

　　除此之外，在節目播放的時段裡，最令孩童期待的就是 20 分鐘的卡通片播放時間。曾經在節目中播放過的著名卡通片包括：《千年女王》、《藍精靈》（台譯：藍色小精靈）、《足球

小將》（台譯：足球小將翼）、《Q太郎》（台譯：小鬼Q太郎）、《忍者小靈精》（台譯：忍者哈特利）等。另外，不說大家可能不知道的是，原來除了星爺外，還有很多超級巨星都曾參與過《430穿梭機》的演出，包括：鄭伊健、梁朝偉和吳鎮宇等。值得一提的是，第一代的《430穿梭機》主題曲是由林子祥主唱，而與節目相關的歌曲，如1984年推出的《活力430》就由張國榮主唱，鄭伊健則於1988年翻唱。

隨著時代的變遷，兒童節目不時得要配合當代潮流進行革新，故《430穿梭機》於1989年中下旬停播後，同時段便由新兒童節目《閃電傳真機》取而代之。後來，這個時段的兒童節目每隔幾年就會革新推出取代，接下來的順序是《至Net小人類》、《放學ICU》、《Think Big天地》，直到近年的《Hands Up》。所以我們香港人經常都會說，只要問你看過哪幾套兒童節目，就會暴露你的真正年紀了。

另外，大家又有沒有參加過兒童節目的遊戲呢？筆者小時候經常都會想像自己能出現在節目中，但媽媽總是不允許。因為要上節目就要先購買電視台雜誌，填寫書內的報名表格後再寄回電視城登記；媽媽覺得，這樣又花錢且無聊，還浪費時間，所以筆者這個「亮相於兒童節目」的願望一直沒法實現。

PLUS 3
烏卒卒……好似好似一隻黑蟋蟀
——譚玉瑛／ Helen Tam

· 譚玉瑛姐姐、Auntie 烏卒卒、資深兒童節目主持人
· 1963 年出生

「烏卒卒好似好似一隻黑蟋蟀！烏卒卒隨時施法術！人人
也叫她烏卒卒！一切烏龍把戲都使出！烏卒卒將哭聲變做
旋律！」
　　——《烏卒卒》主題曲

　　能夠與經典兒童節目一起深入民心的就有「譚玉瑛姐姐」，因為她一直堅守在過去每一套兒童節目中。譚玉瑛自 1982 年起便加入當時的《430 穿梭機》節目，直到最後一部主持的兒童節目，就是 2014 年的《放學 ICU》。這期間，她無間斷的在每一部兒童節目中擔任主持工作，合計共 32 年，亦是唯一一位橫跨多代兒童節目的主持人，所以她絕對是 1980 至千禧世代，香港人集體童年回憶的代表性人物。

　　譚玉瑛姐姐在眾多部兒童節目中，最為人熟悉的角色無非是《閃電傳真機》中「Auntie 烏卒卒」環節內，飾演的烏卒卒莫屬。而且當時有份出演的還有著名藝人麥長青（人稱「麥包」，飾「蒙查查」）、朱茵（飾「烏冬」，烏卒卒的外甥女）等。「Auntie 烏卒卒」最早只是一個教授孩童英語的環節，後來因為觀眾反應熱烈，所以便發展成小單元劇。故事講述烏卒卒是一位住在沙漠帳幕中的占卜師，有著一身全黑的吉卜賽女郎的裝扮，每天都「捽」著水晶球唸著咒語「前捽捽，後捽捽，左捽捽，右捽捽」來占卜開卦，而故事就圍繞著烏卒卒發生。還有一個令「Auntie 烏卒卒」受歡迎的原因，那就是由主唱過無數經典兒歌的陳松齡，把「Auntie 烏卒卒」的主題曲《烏卒卒》唱紅了，這是一首 1980 年後出生的香港人一定懂唱的洗腦兒歌！

在最光輝燦爛的時候把生命一下子玩到盡頭，就是永恆！
—— Beyond

· 華人樂壇最具代表性搖滾樂團、唯一代表香港殿堂級搖滾樂團
· 1983 ~ 1999 年、2003 ~ 2005 年
· 代表作：《大地》、《喜歡你》、《真的愛你》、《光輝歲月》、《海闊天空》、《長城》、《不再猶豫》、《Amani》等

「原諒我這一生不羈放縱愛自由！也會怕有一天會跌倒。OH NO……背棄了理想，誰人都可以！那會怕有一天只你共我！」
　　—— 《海闊天空》/ 1993 年

由黃家駒創作並於 1993 年出版的經典金曲《海闊天空》，其滾石唱片致敬版 MV，於 2022 年 4 月在 YouTube 上成為了首支突破一億點擊率的廣東歌曲！

　　1993 年 6 月 30 日，下午 4 點 15 分，電台和電視台突發新聞報導：「Beyond 的主唱黃家駒，在日本拍攝遊戲節目時，意外失足掉落，經搶救後身亡⋯⋯」Beyond 的成員、家人、好友和歌迷瞬間崩潰了！

　　1993 年 7 月 4 日，早上，北角香港殯儀館設靈堂。數千名歌迷情緒激動，並在英皇道上追逐靈車，眾人放聲呼喊家駒的名字並痛哭⋯⋯同日，在高山劇場舉行的「永遠懷念家駒」悼念音樂會，無數的歌迷前來獻花，並在會場內一同痛哭，悼念這個無人能取代的音樂天才——黃家駒。

香港在地搖滾樂代表就是 Beyond

　　Beyond 是香港最具代表性的搖滾樂團，推出的歌曲全部堅持自己原創，他們把當時仍屬於香港「地下音樂」時期的重金屬搖滾樂，帶到地面，成為主流音樂的始祖。出道前他們一邊穿著西裝賣保險，一邊醉心的玩音樂，Beyond 印證著從保險業務員走到樂壇靈魂人物的傳奇故事。音樂界對於他們的評價一直很高，也對華人社會的搖滾音樂史貢獻極大，Beyond 那充滿朝氣和力量的音樂風格，搭配強勁的旋律，令他們的音樂非常容易吸引歌迷追捧。另外，他們的作品多是以文化、人文、社會環境甚至是政治作為題材，每首曲都能讓人深入思考，在當年是香港樂壇非常難得的音樂作品。

「是你多麼溫馨的目光，教我堅毅望著前路，叮囑我跌倒不應放棄，沒法解釋怎可報盡親恩，愛意寬大是無限，請准我說聲真的愛你。」

——《真的愛你》／ 1989 年

樂團的中心，作品的靈魂

每個樂團中都必定有一個靈魂人物，而能完整代表 Beyond 的就是黃家駒（1962 ～ 1993 年，享年 31 歲）。樂團中大部分的成名或著名作品，都是出自他的手筆，曾經有人說「黃家駒是上帝派來人間的音樂天使」，由 1980 年代起，至今時今日，在香港的每位「Band 仔¹」基本上都是以 Beyond 作為榜樣。黃

1 「Band 仔」：即愛玩搖滾音樂的人。

家駒作為香港搖滾樂之神，存在大家的心中，亦曾經有人說「黃家駒不只是一位歌手，而是一位詩人，Beyond 在大家心目中就是華人世界的 Beatles！」

「現在的年輕人都追逐偶像，卻忽略了音樂本身。有一部分的偶像，連歌也走音，但是他們得到了一群瘋狂的歌迷，純粹是傳媒造勢所成，而歌迷追捧偶像往往因為偶像的外表討好，故此極不健康。」 ——出自黃家駒

「無法可修飾的一對手……」

　　黃家駒是樂團中的靈魂人物，亦是 Beyond 音樂創作的核心和主唱，他的思想一直走在眾人的前面，充滿先見之明，帶著樂團從黑暗看見光明與光榮。他覺得他們一直以來的創作太過反叛與非主流，難以用此打響樂團的知名度，要在這商業化的香港市場內玩自己喜歡的音樂，除非是走紅了。當時，他想到要創作一些和市面截然不同的 Band Sound，要為搖滾樂團重新塑造青春健康的形象，那就得一改以往創作的題材，將搖滾樂團的代表，即暗黑、反叛、憤世嫉俗、「死 Band 仔」等，改造成一個親民健康的「乖 Band 仔」形象。故此，他想到了要創作一首市場中極少出現的 Band sound，以「親情」做賣點來歌頌

「今天只有殘留的軀殼，迎接光輝歲月，風雨中把緊自由！
一生經過徬徨的掙扎，自信可改變未來，問誰又能做到！」
——《光輝歲月》／ 1991 年

「母愛的衛大」為題的歌曲。最後，他便按照計劃，完成了第一首震撼主流樂壇的「親情 Band sound」，那就是非常著名的《真的愛你》。這首歌曲一推出就讓 Beyond 登上音樂路途的巔峰，橫掃多個大型音樂頒獎禮的獎項，亦令他一手打造的「乖 Band 仔」形象成功「入屋」，吸引了眾多樂迷的追捧，更成為了炙手可熱的搖滾樂團偶像。雖然形象轉變，亦令部分原樂迷感到遭到背叛，但就是這個改變，令 Beyond 成為了其後出道的搖滾樂團最成功的典範。

「 鐘聲響起歸家的訊號 」

健康的樂團形象打造成功後，黃家駒便開始有了新構思，

他覺得需要創作一些能讓社會產生共鳴的歌曲，亦要在歌曲中表現出對政治、社會、文化、種族等的想法，所以便製作了一系列大家都耳熟能詳的 Band sound，包括：《光輝歲月》、《海闊天空》、《長城》、《不再猶豫》、《Amani》等。當中引起高度關注的《光輝歲月》，就是以讚頌「曼德拉」偉大且光輝的一生作為藍本創作。

　　從二十世紀五〇年代開始，反種族歧視、爭取民主和平的政治運動在世界蓬勃發展。當中最震撼的事情，就是南非黑人領袖曼德拉被關押長達十五年，經過一輪艱苦的鬥爭後，他終於在 1990 年成為了南非第一任黑人總統。同年，黃家駒就創作出《光輝歲月》，以感動心靈的演繹訴說出對事件的看法，對種族歧視的厭恨，以及對第三世界的關注。翌年，Beyond 更受世界宣明會的邀請，成為代言人前往非洲探訪第三世界的人們，並成立了第三世界基金，大家都認為黃家駒是罕見的，以音樂關懷世界民生的音樂人。1990 年代，正值開放改革的時期，所以 Beyond 的歌曲亦受到中國內地及大中華地區的年輕人追捧，他們歌曲的感染力就像是為年輕人代言一般，深深打進了當代人的心扉。其後 Beyond 的音樂更順利傳遍亞洲，紅遍台灣、日本和馬來西亞等。

香港樂壇四大天王經典傳奇

張學友、劉德華、黎明、郭富城

· 活躍期：1990 年代初期

　　香港四大天王是 1990 年代香港流行文化的象徵和名物，亦是代表著當年最受歡迎的四位男歌星，包括：張學友、劉德華、黎明和郭富城。四人於八〇至九〇年代相繼入行成為歌手和演員，各自都有著不同的風格和實力，到了 1990 年代他們同時走

紅，風頭更一時無兩，加上從那時開始，觀眾的喜好漸漸由實力派歌手，轉向追捧偶像派歌手，故此到了 1992 年「香港演唱會之父」張耀榮便統稱他們四人為「四大天王」，從此這個稱號被傳媒廣泛使用至今。

四大天王在樂壇的地位僅次於 1980 年代紅極一時的林子祥、陳百強、梅艷芳和張國榮等人，而且四大天王由 1990 年代至今，在各領域都有著傑出成就和貢獻，更紅遍整個大中華地區和亞洲。

張學友 Jacky Cheung

· 歌神
· 1961 年出生
· 代表作：《只願一生愛一人》、《李香蘭》、《只想一生跟你走》、《每天愛你多一些》、《餓狼傳說》、《愛是永恆》、《不老的傳說》等

「有著我便有著你，真愛是永不死！穿過喜和悲，跨過生和死！有著我便有著你，天老地老也好，絕未離棄，愛是永恆當所愛是你。」
——《愛是永恆》/ 1997 年

在筆者小時候，家中經常都會播放著香港流行歌曲，因為父親很喜歡 Hi-Fi 音響，所以經常都會帶不同的唱片回來聆聽。

在眾多唱片當中最常播放的就是張學友的歌曲，因為張學友的歌聲和唱功對於 Hi-Fi 迷來說，是必然的首選，而且在四大天王中，擁有最強、最穩固歌唱實力的亦非張學友莫屬，所以才有「歌神」這個稱號。張學友曾於 1994 年贏得美國《Billboard》年度最高銷量的亞洲歌手大獎，到了 1995 年他的唱片銷量就超越了麥當娜（瑪丹娜）、Bruce Springsteen，並僅次於 Michael Jackson。另外，他更曾被美國《時代雜誌》列為「亞洲最具影響力的 50 位人物之一」，實力派唱功絕對無庸置疑，所以才被傳媒及業內人士封為「唱片銷量保證」，其後更於電影界發展起來。

劉德華 Andy Lau

· 不老男神
· 1961 年出生
· 代表作：歌曲《一起走過的日子》、《再會了》、《忘情水》、《情深的一句》、《笨小孩》、《倒轉地球》等；電影《天若有情》、《無間道》、《賭俠》、《瘦身男女》等

「華 Dee 砸碎婚紗店的櫥窗，讓 Jojo 披上白色婚紗，自己則穿著白色禮服頭破血流，然後騎著紅色機車和 Jojo 在公路上高速奔馳，最後來到了教堂讓 Jojo 去禱告，自己便靜悄悄的「離開」。」
——《天若有情》／ 1990 年

劉德華是四大天王中唯一一位由演員出身的天王，因為自小在父親的小店工作，經常要幫忙送外賣到附近片場，所以小時候便對演藝工作產生興趣。中學畢業後，他便加入電視台的藝員訓練班成為演員，同時接拍了多部電視劇和電影。憑著俊俏的外表和勤奮謙虛的工作態度，他在《獵鷹》和《神雕俠侶》播出後便火速走紅。到了 1985 年，透過林子祥的鼓勵下開始了歌唱事業，直到 1990 年代才在樂壇創出成績來，加上 1990 年經典電影《天若有情》上映，劉德華在戲中擔任男主角華 Dee 角色，與吳倩蓮飾演的女主角千金小姐 Jojo，發展出一段浪漫生死戀。這套電影成功令劉德華打進大中華地區，包括韓國等地。到了 2000 年，他再憑著電影《暗戰》獲得首個香港電影金像獎最佳男主角寶座，隨後便成為在歌影視三棲發展，都有著卓越表現的偶像派代表藝人之一。

黎明 *Leon Lai*

· 金句王、明福俠、廣告天王
· 1966 年出生
· 代表作：《情深說話未曾講》、《我的親愛》、《夏日傾情》、《哪有一天不想你》、《眼睛想旅行》、《越夜越有機》、《一生最愛就是你》、《只要為我愛一天》、《我這樣愛你》、《Sugar In The Marmalade》、《聽身體唱歌》、《長情》等

「要人，先要自己！」
——和記電訊天地線經典廣告台詞／1997 年

這句經典廣告對白，會令大家想起的就是——黎明。於 1993 年開始，香港人每天在電視上都能看到 Leon 出現，他與「和記電訊」天地線十二年的合作，12 個版本的廣告，每一個廣告都令人津津樂道。廣告中 Leon 與廣告女主角「阿 May」（值得一提，第七代的 May 是由著名韓國女星全智賢飾演）的可歌可泣愛情故事，每個版本都充滿著劇情，加上黎明「高大靚仔有型」的形象，在當年的確風靡萬千少女，不只讓電訊商得到很好的迴響，更讓廣告主題曲爆紅。

　　黎明於 1986 年參加新秀大賽獲得銅獎而入行，其後便出演過電視劇又主唱電視劇主題曲。到了 1990 年推出首張同名大碟《Leon》，並於同年主演的電視劇《人在邊緣》，令他人氣急升，帶動唱片大賣。其後在樂壇發展優秀，更開拓了海外市場；黎明就曾於 1998 年憑《我這樣愛你》韓語版本，登上了韓國 SBS 電視台的音樂流行榜第四位，成為首位登上韓國音樂流行榜前十名的海外歌手。但在 1999 年，他竟宣佈不再參與及接觸所有香港樂壇的頒獎禮，亦不會領獎，留更多的空間和時間做好自己的音樂和電影，在當時引起了社會熱話。

郭富城 Aaron Kwok

- 舞台王者
- 1965 年出生
- 代表作：歌曲《對你愛不完》、《Merry Christmas》、《狂野之城》、《鐵幕誘惑》、《愛的呼喚》、《強》、《Para Para Sakura》等；電影《踏血尋梅》等

「強人是你，能頂天立地！
如敗倒，再掙起，永沒言死，才是活著的真理！」
——《強》／ 1995 年

　　郭富城是四位天王中唯一一位以舞蹈取勝的歌手，他的入行就是從舞蹈員開始，其後更為多位著名女歌星伴舞，其中包

「對你⋯⋯愛愛愛⋯⋯不完」

括：梅艷芳、陳慧嫻和周慧敏等，之後再轉為演員並拍過多部電視劇的閒角，但未獲重用。輾轉來到台灣發展，在 1990 年因接拍了一支光陽機車的廣告後便於台灣紅了起來。不久之後，更在台港兩地簽約推出首張國語大碟《對你愛不完》，亞洲銷量突破 100 萬張，紅遍兩岸三地。直到 1992 年，他才正式回歸香港發展，並以獨特舞曲風格迎來大批支持者，成為四大天王中唯一的跳舞天王，後來更被封為「舞台王者」。歌唱事業發展順利後，再漸漸開發電影事業，經過多年的努力，於 2005 年憑著電影《三岔口》的成功，獲得首個香港電影金像獎最佳男主角寶座，而且他也成為了歌影兩棲發展成功的藝人之一。

不要自作多情去做夢

——周慧敏 Vivian Chow

· 玉女掌門人、八〇年代的超級女神、凍齡女神
· 1967 年出生
· 代表作：《天荒愛未老》、《如果你知我苦衷》、《自作多情》、《最愛》、
　《紅葉落索的時候》、《美少女戰士》、《感情的分禮》等

我們不老的超級女神

周慧敏是九〇年代紅極一時的女歌手，樣子漂亮氣質又純情，是當年無數少男的最理想女友模範，美貌更是讓少女們羨慕不已。筆者小時候就很喜歡她，不只漂亮，唱歌又好聽，絕對是九〇年代女神之首，所以亦有「玉女獎門人」這個稱號，而且到現在都無人能超越。

她於 1987 年加入香港電台擔任 DJ 而入行，並於 1988 年推出首張個人同名 EP《Vivian Chow》，正式踏入樂壇發展，亦開始接拍電影和電視劇，成為了歌影視播四棲藝人。到了 1992 年，她被商業電台選為「十大健康形象藝人」，並於同年被封為「四大女天王」之一，與葉蒨文、林憶蓮和陳慧嫻齊名；同年又邀得張國榮為她操刀作曲推出《如果你知我苦衷》，再度掀起熱播潮流。

另外，周慧敏亦在台灣推出首張國語專輯《流言》，銷量更突破 35 萬張，在《知音排行榜》上連續四周奪冠，成功打入台灣市場並大受歡迎。1993 年，她再推出《自作多情》，一段經典歌詞「不要自作多情去做夢，給我盡獻慇勤管接送，不必一再問我戀情可有漸凍，時時追擊如烈風」，不只在香港樂壇照舊佳績滿滿，在台灣更打破了粵語專輯的銷量記錄，開創了粵語歌曲登上台灣「金曲龍虎榜國語歌榜單」的先河。

　　隨後，她在著名經典港劇《大時代》憑「慳妹」一角，虜獲大批電視觀眾的愛戴，更被電視台選為「最受歡迎藝人第三位」（女藝人第一位）的實力肯定。之後陸續於各大音樂和潮流雜誌選為最受歡迎女歌手，在台灣亦被媒體選為最受歡迎香港藝人第一位。最後更衝出港台，到日本、韓國、新加坡、馬來西亞等地發展，在各地的音樂頒獎禮都有傑出的成績，人氣一直高企。然而，1997 年她卻突然宣佈不再公開演唱，不接任何工作，並退出樂壇，淡出演藝圈和當時的男友（即現任丈夫）離港生活。直到 2007 年才慢慢復出，並以兼職形式繼續演藝界活動至今。

《大時代》慳妹

「你你你 ... 快跪下 ... 看我引弓千里箭」

　　《美少女戰士》是無數 1980 至 1990 年代出生的女孩子最愛的卡通動畫之一，而當年有在香港追看《美少女戰士》的朋友們，必定都懂香港版的經典主題曲就是由周慧敏擔當主唱。筆者記得當時《美少女戰士》港版主題曲一出，多少的少男少女都會興奮起來，因為沒想到竟然能邀請到當時非常大卡士的女神，來演唱卡通動畫主題曲。除了周慧敏，一起唱的還有當紅的王馨平、湯寶如，主題曲一推出，不只紅透兒歌界，更紅遍主流樂壇，香港的大人小孩都熱唱。

「美少女轉身變，已變成戰士！
以愛凝聚力量，救世人跳出生天！」
　　——《美少女戰士》香港版主題曲 / 1994 年

特別篇 1

「來忘掉錯對，來懷念過去，曾共渡患難日子總有樂趣」

　　外國人，一般都是透過香港的電影和電視劇進而認識「香港」這個地方。如果想要認識最地道的香港街頭文化，那一定要看《古惑仔》，筆者有很多台灣的朋友，對香港的印象都是從《古惑仔》來的，「在香港真的會有人被眾人亂刀圍毆嗎？」「真的是黑社會隻手遮天嗎？」「黑社會主義真的這麼深入日常嗎？」……無數外國人對香港的了解、誤解和刻板印象，多少都是從港產片而來。就如同 1990 年代初，周星馳電影橫行時期，星爺在戲中的聰明才智，就讓外國人以為全香港的人都是這麼聰明的，好像個個都是天才；但若提到《古惑仔》電影，大家就以為香港人，每個人都好會打架，打架講數都好厲害，談不到兩句就動武反枱……

《古惑仔》陳浩南

　　《古惑仔》是由香港漫畫家「牛佬」的同名港漫改編而來，是最具代表性的黑幫電影，主要講述香港黑幫大佬的故事，由電影的中心人物陳浩南（鄭伊健飾演）於少年時期時就加入黑幫社團「洪興社」開始說起，接著開始闖蕩江湖。劇情圍繞著黑幫生活中的勾心鬥角、爾虞我詐、唯利是圖、出賣兄弟、暗中勾結、爭奪地盤、臥底等細節，從電影中能體現到「出得嚟行預咗要還」（出來混，就要預備好遲早要償還）、「黑社會靠不住」、

港漫御用男主角──鄭伊健 / Ekin Cheng

- 伊麵、陳浩南、永康龍哥
- 1967 年出生
- 代表作：歌曲《一生愛你一個》、《直至消失天與地》、《友情歲月》；電影《古惑仔》系列、《百分百感覺》系列、《風雲》系列、《中華英雄》等

　　長髮是鄭伊健的特徵，他從 1994 年第三張專輯開始，以長髮形象拍攝唱片封套而大獲好評。不只唱片大賣，當時更引發了一輪男性留長髮的

「兄弟手足之情」和「江湖道義之本」等的黑幫生存之道。戲中除了反映出現實社會中的黑暗面之外,作為香港回歸前夕上映的作品,更帶著對政治的隱喻,以及誤入黑社會的人,難以回頭的無奈。

《古惑仔》系列電影;上映年份 1996 ~ 2000 年
陳浩南(鄭伊健 飾)、山　雞(陳小春 飾)、細細粒(黎　姿 飾) 嘰　坤(吳鎮宇 飾)、大天二(謝天華 飾)、包　皮(林曉峰 飾) 巢　皮(朱永棠 飾)、蔣　生(任達華 飾)等

潮流,後來更因為相信留長髮會帶來好運,所以一直留長髮至今,而且他的確因為留長髮後一直爆紅。

伊健於 1986 年參加藝員訓練班並拍攝了經典飲料廣告「陽光檸檬茶」而入行,後來更拜了羅文為師。他和周星馳一樣,入行便獲安排進入兒童組參與《430 穿梭機》的拍攝,到了 1990 年開始才調往戲劇組參與電視劇演出,並受到力捧。1992 年推出首張個人大碟進入樂壇,其後推出《一生愛你一個》而爆紅。

1990 年代中期開始專注電影和歌唱發展,因為擁有著一副香港人心目中的漫畫男主角外貌,即「高大有型又靚仔」,所以一個人就包辦了《古惑仔》、《風雲雄霸天下》、《中華英雄》和《百分百感覺》的男主角,成為了改編港漫電影的代表性人物。無論是英雄、「古惑仔」還是愛情片的「靚仔」男主角,他都逐一能駕馭,而且更憑藉《古惑仔》陳浩南一角紅遍大中華地區;每位男生都想成為陳浩南,所以鄭伊健的粉絲層面非常廣,不限於女生,更包含了無數八○至九○後的男生。

特別篇 2

那些年的租碟時代

· 1980～1990 年代

　　現代人安坐家中，想要看電影，只要打開電視、平板電腦甚至手機，開啟 Netflix 或者上 Youtube，就可以輕易找到想看的。不論是電影或者劇集，都不再受限於地域和時間，非常之方便。然而在 1980～1990 年代，港產片最盛行的那個時期，人們在家中若要看電影，就必須到樓下的租影帶舖，借影帶回家看。

　　1980 年代，錄影機（VCR）在香港家庭之間相當普及，忙著打工的香港人，週末就會去家附近的租影帶舖，租借電影回家看，但錄影帶（VHS）在使用上經常會出現問題，就是會有食帶（卡帶）現象，而且同一個錄影帶看的頻率越多，播放出來的畫面質素就會越差。到了後期，即筆者小學時期，租借錄影帶慢慢被 LD 碟（LaserDisc，雷射影碟）所取代，租影帶

舖開始換成租碟舖，而錄影機就只剩在家中錄下日常想要重看的電視節目時才會使用，想要看電影，就要租 LD 碟回來。

　　LD 碟的大小與黑膠唱片相較大概是 12 吋，外表和現在市面上的光碟相似。特別之處是，通常在電影播放到一半時，就要暫停取出影碟並反到另一面繼續播放，所以每次租碟時的店家都會先拿影碟出來給客人檢查，看有沒有劃花，歸還時如有損壞就需要賠償。筆者在小時候，爸爸最愛租借星爺和發哥的電影來觀賞，而且每次去租碟舖時都非常興奮，除了會待很久之外，還能慢慢研究、選擇想看的電影（就像逛圖書館一樣），然後又可趁機向爸爸要求租卡通片來看。印象中，租借最多的卡通片就是《龍珠》。

　　另外，在租碟舖中最常見的情況是「手快有手慢無」，因為對一般租碟舖來說，他們只會為每套電影備幾片碟的存量，若遇上熱門大電影或長假期時，例如星爺的賀歲片有影碟推出時，真的要一早起床等租碟舖開門租借，不然就會遇上影碟套上貼著「已租」標籤，那就要再多等三天了。筆者印象中，當年最高記錄曾足足等了四個星期，才借到星爺的新電影。

　　還有，租碟舖的租借模式有兩種，第一種是實體套票模式，一次買下指定次數，每次租碟店家收回一張票便可。另一種是每次付款單次「散租」，當然這樣收費就會相對昂貴。在當時，租碟舖是香港每個住宅區必備的小店之一，與文具店和照相館同樣重要，屬於基本生活所需之店舖。

　　到了 1990 年代初期，LD 碟便遭淘汰，取而代之的就是小巧很多的 VCD 碟。來到 1990 年代中旬 DVD 碟出現後，在租碟舖中 VCD 碟與 DVD 碟並行出租了很長一段時間。這是因為 VCD 機較便宜且普及化，加上 DVD 機一推後出售價太貴了，一般家庭未必能負擔，直到後來 DVD 機開始平民化，VCD 碟才正式被 DVD 碟所取代，但當時的 DVD 機其實已經可以讀到兩種規格的碟片。轉眼又到了 2000 年代，Blu-ray 碟（藍光光碟）的出現再次把 DVD 碟取代……時光飛逝，線上播放普及化，免費或收費的線上影視播放平台相繼出現，如 Disney+、Netflix 和 youtube 等影視平台崛起，漸漸使租碟文化沒落。如今，在街上已很難找到租碟舖的蹤影了。

太白海鮮舫，建於 1950 年

太白海鮮舫位於香港仔深灣海面，與珍寶海鮮舫為鄰，組成世界聞名的海角皇宮，被評為有「世界上最大的海上食府」。

2020 年，珍寶海鮮舫原本被納入「躍動港島南」社區發展計劃內，原業主海鮮舫香港仔飲食集團，更無償捐贈海鮮舫給海洋公園作活化及保育。不過到了 2022 年海洋公園因成本問題，竟把海鮮舫歸還，最後到了同年 6 月，珍寶海鮮舫在香港再沒立足之「海面」，更在移離香港作維修的途中，因「8 級風浪」在南海沉沒了！事後有多方專家作出分析，對於海鮮舫移離時的路線及配備，都不適合讓這個擁有半百歲的高齡海鮮舫作遠行。而且香港天文台更表示，事發當日南海風浪圖顯示，事發時西沙群島海域吹輕微至和緩南風，風浪小而且無大雨，天氣及海況大致良好，並沒有營運商所聲稱的 8 級大風浪。另外，事發前香港仔飲食集團一直拒絕披露海鮮舫的具體去向，直到事件曝光才說目的地是柬埔寨等。最後，事件更引發香港市民的猛烈抨擊及爭議！

過了幾天後，當時負責拖行海鮮舫的船家向海事處報稱，「海鮮舫沒有沉沒只是翻側了......」拖船公司董事稱珍寶海鮮舫有八個浮力艙，仍有六個運作，所以翻覆後未有完全沉沒。不過拖船公司董事強調因為涉及保險的問題，所以不能救，同時亦有專家提出多個可行的拯救方案，不過重點仍然是「錢」的問題。

直到筆者寫此篇時，海鮮舫轉眼已被大眾遺忘了，而且永遠沉沒了！為何公帑總是要用在沒意義的地方？為何有意義、有代表性的，卻永遠只能被活埋？希望不會如網民所說的「在一千年後，人們會在南海的海底發現這座巨型皇宮……並印證香港曾經光輝的歷史！」

　　同時太白海鮮舫，也是經典港產電影《食神》的正式拍攝場地，當年史提芬周就是在太白上以黯然銷魂飯重新奪回食神寶座！而且太白海鮮舫比珍寶海鮮舫歷史更悠久，但因為體積比珍寶海鮮舫細少，並已獲得批准申請閒置船隻允許書，所以現時仍然停泊在深灣原海面等候新經營者出現。只盼香港的精神代表能繼續承傳下去……只盼太白海鮮舫不會再步珍寶的後塵。

Chapter

02

知否世事常變——香港的經濟起飛

「知否世事常變，變幻原是永恆，
始終波浪起跌，當然有幸有不幸！」
——《家變》羅文／1977年

香港的崛起經歷了百年的艱辛和汗水，前人抱著「不進則退」的宗旨，珍惜眼前的無數機遇，才能讓香港這個小小的地方大躍進。以前的人不像現在的我們斤斤計較又「殗䃶聲悶」（挑剔苛刻），亦不像我們這麼怕捱苦，所以很多老人都說「現在這代的人們，實在活得太幸福了，一點苦頭都捱不過！大家都在享受著前人種下的果，但卻不知道 『粒粒皆辛苦』的過去！」。

現代的香港人都是出身於大城市內，即使敢於活在當下，即使與前人擁有同樣是的賺

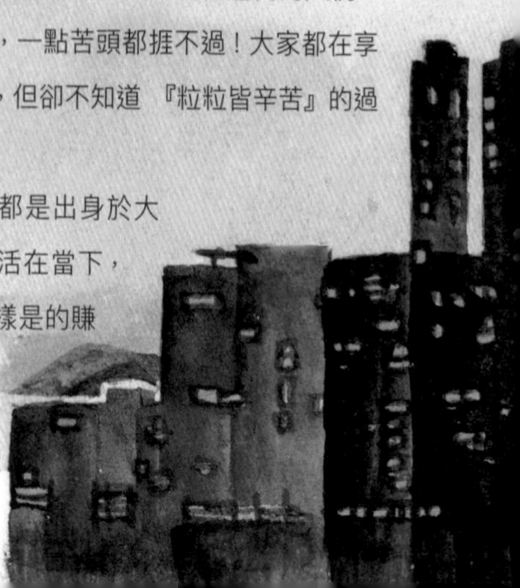

錢目標，但身軀卻變得如此「矜貴」。人們想盡一切辦法不勞而獲，凡事嫌辛苦又缺乏人情味，缺乏了互助互勉，只做「利己」的事情，俗語說「唔辛苦邊得世間財」（沒有辛苦過，何來得到世間上的財富），一個社會如果長期如此就只會換來倒退。

香港最光輝、璀璨的工業時期就是 1970 年代，當時的香港仍然是輕工業蓬勃發展的時期，跟亞洲另外三個經濟體系齊名，包括：台灣、韓國及新加坡，合稱為「亞洲四小龍」，西方稱為「亞洲四虎」，英語為 Four Asian Tigers 或 Pacific Tigers。那時的香港人，什麼都願意做，什麼都願意嘗試挑戰，只要是機會都不會輕易錯過。人們不會計較勞力的付出，凡事皆親力親為，為的就是爭取一個成功的機會。

直到 1980 年代，香港工業發展北移、外遷後，經濟發展不再依靠工業生產，轉型成單靠金融、「炒股票」、「炒樓」等投資型商業活動來持續經營香港這個城市。於是，人們不用再艱辛流汗地換來金錢，而是不斷在辦公室內通宵加班，以「腦力」代替「勞力」來換取成果。這一切雖然看似很美好，但卻換來了人心的冷漠無情，而且也經不起艱苦考驗。從此，香港人只活在替金錢社會賣命的時代，開始忘卻了對家園、人情的重視，朝懶得理人的社會暗暗發展，最後換來了從來沒想像過的局面。

半斤八兩做到隻積咁嘅樣
聽到「機器」的聲音——香港工業

　　香港的工業發展有著悠遠的歷史，當中最早期的工業就是「造船業」。於十九世紀中葉，廣東沿岸具備優良海港條件的就只有香港這個地方，香港作為大英帝國在遠東地區的一個「自由港」，在第二次世界大戰前，香港的造船業便曾有著非常輝煌的歷史佳績，更曾為美國海軍製造炮艦。另外，造船業在當時除了為當地人口帶來無數的就業機會之外，更帶動了社區發展，對香港有著深遠的影響。當中最著名的，莫過於太古船塢和黃埔船塢在香港的造船發展史，而太古船塢所屬的太古公司，更在香港發展起了太古糖廠，以及太古汽水廠等輕工業行業。也就是說，製糖和食品生產成為了十九世紀香港除了造船業之外，其他的周邊工業項目。其後，多間英資公司更不斷在港投資，令香港的工業一直穩步發展。

　　到了二十世紀初，華人商家亦開始來港設置工廠，並引入機械操作，當時紡織業、塑膠業及鐘錶業等，便開始在香港萌芽發展，為日後成就「香港工業」成功奠定基礎。即使到了香港淪陷時期的前夕，香港本地工業的發展，早已有著非常顯著的成績，所以在香港重光後更得以快速復原。後來，因為海外

及內地工業家的投資與技術的投入，加上韓戰時期貿易資金都流向製造業，以及歐美市場開放、發展等，種種的因素令到香港工業發展獲得蓬勃成長的機會。直至 1960 年代，香港已成為東亞地區輕工業製造廠的出口中心，1970 年代香港廠商更會為外國高端品牌代工生產，成就了本地製造業的巔峰時期。

不過，到了 1980 年代香港製造業逐漸萎縮，因為中國大陸的開放改革，並開始投入工業發展，吸引了大批港資、台資及外資公司進入大陸市場發展，加上原來的香港就因城市發展迅速，導致勞工薪資水平不斷上升、土地成本上漲，在經濟成本不斷膨脹的情況下，在港的工廠為減省投資成本，便開始把生產線遷往中國大陸，進而促使大型企業在港的業務，逐漸轉型為零售和品牌管理的中心。從此，香港的角色便轉換為外資企業進入中國市場的踏腳石或控制中心，然後再把生產線設於中國大陸，以減省生產及營運成本。直到 1988 年，香港的貿易總額已升至亞洲四小龍的首位，在整個亞洲計算就僅次於日本。接著來到 2000 年代，香港的工業基本上已經式微，只剩少部分產業仍然留港生產，故此 Made in Hong Kong 的產品，成為了現在香港人非常珍而重之的珍品。

時至今日，年輕的一代開始重視「香港製造」，經過無數有心人士的扶持，並對「香港製造」喚起反思與啟發，提醒著

新一代香港人需要認真思考傳承「香港製造」的意義。至於製造業北移，對香港當然也造成了沉重的社會影響，因為當時的製造業所得，大多往精英和富裕人士靠攏，香港一直以來與越

業安工廠
Yip On Fa

來越嚴重的貧富懸殊問題始終存在。窮的人一直窮，富的人越來越富有，導致如今最苦的階層，便是夾在中間的中產一族。

第一座
Block 1

體現香港人敢於嘗試和敬業樂業的精神

紡織業與製衣業

· 從 1920 年代至今

> 「那時香港經常斷水，而染廠恰好需要大量用水，他們只好都跑上山上去泵水，可以想像環境即使如何惡劣，早期的企業家們亦嘗試一切方法去克服，這正好體現香港人開拓進取和敬業的精神。」
>
> ──已故香港著名實業家、前香港棉紡業同業公會主席安子介先生言

一個世紀的興衰──香港紡織業

香港的紡織業是有著百年歷史的古老工業，時間最早可追溯到 1920 年代以前，那時的織造廠已有不同種類的織品。到了1930 年代，香港的針織和梭織業已有一定的規模，但當時的香港還沒有紡紗廠生產紗線，所以織造廠一般都需要從外地進口棉紗來進行加工，把棉紗編織成原色布，再製成棉襪、背心、毛巾等產品，以供應本地需求，並出口至內地、東南亞、歐美及南美洲等。不過，早在 1899 年香港其實就曾經有一間棉紡織染公司，是由非常著名老牌的英資公司「渣甸洋行」（即現在的「怡

和洋行」）所設立，廠房建於銅鑼灣掃桿埔。這間公司會將進口的棉花織成棉線再加工、出口；但在 1914 年，因為缺乏熟手技工，加上當時供水和供電的不足，以及香港的天氣過於潮濕不宜紡紗，最終渣甸洋行才決定把工廠遷至上海。故此直至二戰前，香港的織造業主要都是圍繞著針織業和梭織業，故有先「織」後「紡」的情況。

　　直到二戰後，香港的紡織業才轉為以「紡」（紡紗）為基礎。接著在 1940 年代中國解放時期（國共內戰），眾多上海、潮洲等地的紡紗、針織廠商携著家眷、資金和技工一併遷來香港逃難。不過，當時他們認為香港的發展空間有限，還有原材料等資源短缺等因素，故此初期的他們原本只打算做短暫的避難而已。直到 1947 年，香港的第一間紡織廠才終於成立，並由當時逃難到港的華人廠商建立，然後紡織業便開始在香港迅速發展起來，並在期後的二十年間，將廠房數量與工人數量以幾何級數的方式倍增。到了 1950 年代初，香港仍然處於發展當中，所以工業配套上亦因戰亂而變得更加緊湊，對能源、原材料及運輸等的需求也急迫，令香港的工業發展之路充滿荊棘。

　　後來韓戰爆發，加上 1956 年開始中國大陸落實共產政策，並針對資產階級及商人進行「公私合營」措施，於是各個遷到香港的企業便決定留在香港落地生根，才促使香港的紡紗業得

以迅速發展起來。在 1960 年代中期，香港的紡織廠數量已達 1 萬 1 千間，而且超過 43 萬人在這個行業工作。在 1970 年代之前，香港的紡織品一直以出口至歐美、東南亞市場為主，因為香港一直是奉行低稅率的自由貿易港，加上香港擁有發展純熟的港口配套設施，故此當時香港的紡織品能暢銷世界各地。直到 1970 年代中期，西方國家陸續實施起貿易配額政策，才終止了出口的現象。1980 年代，因為香港營運成本暴漲和中國開放改革，大批港商紛紛把廠房北遷，而在香港最後一間位於屯門的大興紗廠，亦因成本問題於 2014 年正式停產。不過時至今日，即使香港的工業已式微，但香港仍然是全球頭三大紡織品的輸出城市。

此外，大多的紡織企業於香港工業式微後，便陸續轉換了公司的發展方向。例如由「紡紗大王」陳廷驊所創立的南豐紗

1　「公私合營」：1956 年在中國大陸實施的一種社會主義改造的政策及運動，其政策內容是，當時國內的資本主義工商企業其私有財產必須與中國共產黨進行合併，企業由原來是資本家所擁有的狀況變為「公私共有」，即國家與資本家共同擁有。此政策實施後，資本家亦會開始逐漸喪失對該企業的經營管理權，企業的盈利直到 1966 年文化大革命前，亦要按「四馬分肥」原則與國家共享。簡單理解就是，企業的領導和股東只能從盈利中獲分配 25%，其餘則須上繳國家作稅收（30%）、企業公積金（10～30%）以及職工獎金（5～15%）。另外，此政策的實施亦導致無數的中國傳統企業和品牌消失，而存活至今的品牌，已歸中華人民共和國政府所持有，所以大部分企業失去家族傳承，但仍有少部分企業在當時選擇逃到香港繼續經營，才得以傳承至今。

廠，他們從紡織廠一直擴大規模成為現在的上市公司，原本在
港已擁有大片廠地的他們，後來更加入地產發展業務。還有在
1970 年代（即香港工業巔峰期）才創立的羅氏針織，亦是專營
毛織和針織起家，後期更發展到建立自己的品牌服裝 Bossini，
最後更朝著地產與酒店經營等業務，拓展出去。

PLUS 1
香港一街一故事之1
因工業而得名的街道

黑布街（Hak Po Street）、白布街（Pak Po Street）、染布房街（Yim Po Fong Street）

　　旺角，原名為「芒角村」，於二十世紀初期陸續開發，並配合填海工程的擴建，曾被打造成一個多元化的工業集中地。到了 1924 年，當時多間染布工廠都聚集在窩打老道與衛理道交界，至亞皆老街與聯運街交界之間，所以港英政府便把相關範圍的街道命名為「染布房街」。到了 1940 年代，在染布房街附近，原本主要販售當時獲廣泛使用的黑色布料和白色布料的兩條小街，就被命名「黑布街」和「白布街」。

洗衣街（Sai Yee Street）

　　在旺角染布房街附近，就有條由界限街連接到登打士街的大街，於在芒角村獲得開發之前，這條大街原本是一條用來作為灌溉附近西洋菜田的小溪，而居住在附近的婦女都會帶著衣服前來溪邊洗衣，亦有部分婦女會在這裡幫忙洗衣來賺錢。後來，政府將小溪的水源截斷改建成道路，並把此路命名為「洗衣街」。

一個傳奇的生產──香港製衣業

製衣業在香港雖然歷史沒有紡織業悠久，但於這七十多年的歲月間，卻為香港帶來無比的貢獻，更成為了香港發展最完善且最具規模的第一大行業，並於 1970 年代起在全球穩佔領先的地位。

製衣業的歷史背景與紡織業相似，因為都是戰後中國廠商逃難到港時，帶著家眷和技術人員到香港發展，製衣業才在香港漸漸起步。1950 年代，香港只有 41 間製衣廠，但卻在往後的短短三十年間，得以急速蓬勃起來，成為了全球第二大成衣出口中心，亦是亞太地區著名的成衣購辦中心。

二戰前，香港的製衣廠主要是生產內衣成品，到了戰後初期，製衣廠才轉換成生產恤衫為主。一般港產的恤衫主要是中下價格的貨品，除了會供應給香港本地和內地外，還出口到馬來西亞、東印度群島、印度、錫蘭等英國屬地。到了 1950 年代，歐美市場亦陸續開放，故此當時香港出口的成衣價格亦一度提高，生產種類亦趨向多元化，擴展至西裝褲、外套、睡衣、運動衣等成品。直到 1960 年代，代工生產成為了香港製衣業的核心經營模式，當時香港的製衣廠甚至吸引到美國大型連鎖店如 Wal-Mark 和 K-Mart 落單訂製廉價成衣。另外，著名香港製衣廠長江製衣，更會為歐美品牌生產由其提供設計樣式的品牌衣服，如：

Marks & Spencer、Hugo Boss、Marc Jacobs、Nike、Littlewood 等。

到了 1970 年代初歐美吹起牛仔服裝熱潮，有見及此，香港製衣廠亦大量投產，以應付市場的需求，更成為當年出口總值最高的成衣種類。1980 年代，香港很多大型的製衣廠都嘗試開設自創成衣品牌，並配合潮流的設計，成功打造了無數中高檔次的時裝。具規模的香港本地廠商，更加強了市場推廣的工作，以推銷其品牌的產品，或在海外設立零售商舖，直接銷售自己的品牌，如 Bossini 就是羅氏針織創辦的本地品牌休閒服連鎖店。除了自創品牌外，有些大型的製衣商更會投資歐美名牌代理權，

例如永新集團曾收購美國時裝名牌 Tommy Hilfiger 等，以推銷自身外國形象。香港在國際時裝潮流上一直走在最前線，而成衣工業亦造就了香港的潮流時裝文化基礎，時裝品牌經常會在港舉辦時裝展覽，所以只要在港，就可以輕易掌握歐美時裝的新潮流和新趨勢。

不過，到了 1980 年代後期，製衣業亦因地價和工資不斷上漲，加上中國大陸開放改革，導致與其他工業相同，面臨了經營成本增加的壓力，於是很多製衣廠在此時亦陸續北移以節省成本。不過，因為內地製造的品質始終與香港本地製造仍有一段差距，而且成衣客戶一般偏好 Made in Hong Kong 的成品，故此仍有部分製衣廠會把成品運回香港作最後加工工序後，再以「香港製造」名義出口，而此種模式就稱為「海外加工」。到了 2000 年代，香港只剩下象徵式的製衣生產，留在香港的業務一般只剩下品牌控制、營銷中心、採購、物流及會計等運作。但近年內地經營製衣業生產亦日趨困難，所以香港製衣廠商需要的是尋求新的生存方式，以應對萬變的社會。

PLUS 2

1970 年代打工仔的吶喊

《半斤八兩》，許冠傑創作

「我哋呢班打工仔，一生一世為錢幣做奴隸，嗰種辛苦折墮講出嚇鬼，死俾你睇，咪話無乜所謂」（我們這些打工仔，一生一世為錢幣做奴隸，那種辛苦落魄說出來能嚇到鬼，死給你看，別說沒什麼所謂）

──許冠傑 / 1976 年

1970 年代是製衣業的黃金時期，當時大部分的工業區都是建於離住宅區不遠處的地方，故此婦女們為了幫助家計，都會犧牲一點顧家的時間到工廠打工。當時有很多的婦女會選擇到製衣廠工作，負責車衣、縫布、包裝等操作，以及非技術性的工作。後來日子久了，婦女們在工廠工作的時間亦倍增，還形成了「新時代職業女性」的現象，出來打工、拚搏的不再只有男性。

至於《半斤八兩》，就是講述 1970 年代打工仔日常的一首歌，因為當時普通的打工仔工作勞碌又生活緊湊，但老闆卻往往愛無理取鬧，在打工仔要求加薪水時就一臉黑，對打工仔實行「心靈迫害」。不過，當時香港經濟因為受到 1973 年世界能源危機的影響，面臨著經濟衰退局勢，而且當時的政府也沒有相應的措施來解緩困局。最終，打工仔就只能是樣子頹喪、失去自我的過日子，連為自己爭取應有的酬勞都辦不得；但其實

大家想要的，只是爭取做了多少得多少的平等待遇。然而在那個時代，老闆壓榨打工仔的情形非常普遍，故此打工仔視一分耕耘一分收穫的基本酬勞，就只能是「你想」（你想的那樣）。

打工仔的一生都是為了錢而奔波勞碌，但在工作時卻受盡不合情理的折磨，恍如置身地獄般。這首歌是要喚醒打工仔為自己發聲，爭取扭轉命運的心態，不要再吞聲忍氣，任由變態老闆剝削。這首歌不只能套用到 1970 年代，到了今時今日都能應用，如果你在職場遭受到不平等對待，停一停，聽一聽，絕對有助你宣洩工作帶來的屈悶情緒，進而可能會啟發出一些新的綢繆。

港人獨到眼光港產塑膠品風靡全球
塑膠業與玩具業

· 從 1950 年代至今

一個香港首富的誕生——香港塑膠業

　　香港的塑膠業於戰後引入香港，由於當時民生物資短缺，所以 1949 年星光實業有限公司便從日本引進機器生產塑膠製品，並且出產自家品牌「紅 A」（上一本書《香港百年》中有詳細介紹），讓「紅 A」成為家傳戶曉的塑膠品牌，塑膠製品更成為每個家庭的必需品。

　　塑膠業開發的初期，因為技術還沒到純熟，所以生產的商品均以簡單生活用品為主，例如水杯、奶嘴、牙刷、髮梳、相架、麻將牌等。到了 1950 年代中期，塑膠產品逐漸走向多元，此時塑膠玩具和塑膠花產業開始興起。至於香港首富李嘉誠，就是在 1950 年開立了他首家塑膠廠，主要都是生產塑膠製的玩具和家庭用品。到了 1960 年代初期，塑膠花生產最為蓬勃；1965 年後，玩具則成為了香港塑膠業的最大範疇。同時，代工生產更促進了香港玩具業的發展，並在 1972 年成為世界最大玩具出口中心。從此香港被譽為是「玩具王國」，其後的玩具產品更會加

入金屬、電子和動漫等元素，構成了全新獨立的塑膠玩具行業。
另外，當時香港的塑膠產品都會外銷到海外，而玩具產品最主
要的銷售市場就是美國。

　　塑膠行業在 1950 至 1970 年代已有非常蓬勃的發展，穿膠花、剪線頭、串珠仔、裝嵌玩具等，成為了當時不少香港人的家庭作業。由於塑膠製品的生產工序簡單，就連孩童都可以參

與其中,所以過去從事塑膠製品行業的人,很常會把裝嵌工作帶回家中,全家大小一起工作來幫補家計。1950至1960年代,在香港開設塑膠廠的人,大多數都是以山寨形式經營著,他們有些是開在舊區的唐樓或者街鋪內,只要有少量的手搖式啤機,小小的廠房就可以進行生產,所以當時很多年輕人只要有著幾千元便能白手興家,更多是以夫妻檔組合合力經營著山寨式小工廠。配合塑膠廠發展的還有洋行,因為當時很多山寨廠的老闆都是低學歷,英語又不通的人士,所以若要把產品外銷到海外,就需要靠洋行在中間幫忙,於是洋行在塑膠業亦擔當著非常重要的角色。到了後期,塑膠工廠對於整個外銷流程都非常了解後,洋行的角色才慢慢被淡化。

到了1980年代,跟紡織業、製衣業同樣面對香港工業開始北移的問題,塑膠廠商亦陸續搬往中國大陸生產,只剩下後勤部門在香港營運。不過到了八〇年代後期,大部分的塑膠廠商已把整間公司搬到中國大陸落地發展,少數還是堅持「香港製造」並持續堅守的塑膠公司,只有星光實業的紅A。同時,紅A亦成為了現代香港人非常珍惜的香港製造品牌。

PLUS 3
由穿膠花到香港首富：李嘉誠

· 李超人、塑膠花大王、香港首富
· 1928 年出生

> 「當年的長江塑膠廠，只是生產一些普通的塑膠玩具和家庭日用品，經由出口洋行運銷歐美。在最初十年間，每星期都要工作七天，每天至少工作十六小時，晚上還要自修，加上工廠人手不夠，自己要身兼買貨、接單等工作，經常睡眠不足，早上必須以兩個鬧鐘起床，可說是每天最難過的時刻。」──李嘉誠

　　塑膠工業在 1940 年代中期，於歐美國家發展兼興起，其製品色彩亮麗、美觀又實用，而且價格非常便宜，當時的李嘉誠覺得這是一個難得的商機，便把自己存有的所有積蓄和親友的借款，總共約 50,000 港元，在香港島筲箕灣創辦了第一間塑膠工廠，並命名為「長江塑膠廠」。塑膠廠開辦初期，為了盡快賺錢回本錢，便不分晝夜的開工生產塑膠，最後因為只重量不重質，導致大批的顧客要求退貨賠償，同時原料商亦紛紛要求結帳還錢，銀行也不斷催促償還貸款，所以長江塑膠廠曾一度陷入財務危機。最後幾經辛苦，李嘉誠終於說服了客戶、原料商和銀行，把還款期押後並賠罪，並重新審視產品的品質問題，才得已在 1955 年還清所有的欠款。而且，在這次危機中，他學

懂了該用怎樣的產品來吸引到客戶的眼光，什麼才是客戶所需要的，如何才能在市場上脫穎而出。

其後，李嘉誠在翻閱英文版《塑膠》雜誌時，看到一篇文章說義大利有一間公司，開發了一種全新的技術，可以利用塑膠原料製成塑膠花！他頓時察覺到這是一個絕大的商機，誓必要把塑膠花技術引進香港。於是在 1957 年，李嘉誠便飛往義大利，到了相關的工廠去請教塑膠花的製作技巧；不過負責人當然直接拒絕了。於是，李嘉誠便想到進入這家工廠打工、做清潔，因為只有清潔工才可以在工廠內的每一個空間走動，亦可以近距離觀察每一條流水線的運作，這樣便可以趁機偷師學藝，把每一個工序記於心中，回家再抄寫出來。最後李嘉誠成功從

義大利偷師，並把新興的塑膠花製作技巧帶回香港，還自行研發出一套新系列的塑膠花產品。這些產品一推出，便立即掀起市場搶購潮，在短短的一年間，塑膠花便為李嘉誠賺取到了他人生的第一桶金，亦令他被封為香港的「塑膠花大王」。

　　其後李嘉誠把賺到的錢用來購入土地興建多棟工業大廈，更成立了長江地產公司，並於 1972 年正式改名為長江實業有限公司，還於同年正式上市。到了 1979 年長江實業向香港上海滙豐銀行購入英資第二大洋行和記黃埔，當時的長和集團幾乎已經是富可敵國。之後，於 1981 年更被封為「李超人」，不斷收購大型企業和石油公司，亦不斷興建大型樓宇等。1987 年，他終於首次登上「福布斯」（富比士）富豪排行榜。2015 年長江與和黃合併，組成長江和記實業，接手兩個集團所有非房地產業務，包括港口及相關服務、電訊、零售、基建、能源及動產租用業務，而另兩間公司的地產業務則合併為長江實業地產。直到 2018 年，李嘉誠才正式宣佈引退，辭去長和及長實董事局主席兼執行董事職務，改任資深顧問。

　　多年來，李嘉誠於香港締造了無數的商界神話，並於各個大小的社會議題上，都以自己是「一個香港人」來發聲。於 2019 新冠狀病毒流行的長時間內，李嘉誠亦多次設立基金，以幫助香港市民的生計。他成為了打風落雨時，香港人必定會痛罵他設下「李氏力場」阻礙放颱風假的怪象，但當社會危亂時，卻又會渴望他做點善事施捨一下的矛盾存在。在現代的香港人心目中，他早已是商業界最具影響力的 KOL 了。

從蓬勃步向夕陽的傳統製錶手藝

鐘錶業

· 從 1930 年代至今

一個商機的開拓——香港鐘錶業

　　現代人戴手錶的習慣比以前少，因為「手機跟身」的時代，一部手機已經能解決到無數的日常需要。即使有配戴手錶的習慣，現在的你可能會用的是 Apple Watch 等類型的智能手錶。不過踏進 2022 年，因為著名瑞士手錶品牌 Swatch 和瑞士奢華鐘錶品牌 OMEGA 聯乘（聯名）腕錶系列的出現，竟又掀起了年輕一代對手錶的好奇和興趣。其實，香港對於世界鐘錶界都有著一定的貢獻，而且亦曾是全球產量第一的電子錶生產地。

　　香港的鐘錶業於二戰前就已發展，但主要以維修進口鐘錶及配件生產為主。香港一直都沒有生產錶芯，而且早期的鐘錶配件廠通常是小小一間山寨廠，或是以家庭形式經營。直到戰後，香港經濟快速復甦，便開始進口鐘錶業名產地瑞士的鐘錶成品，除了供應香港本地市場之外，亦藉著轉口港優勢轉運到亞洲各地，開始了鐘錶營銷及轉口業務。1950 年代，因為國際對華實施禁運，但香港卻不受影響，加上同期日本和東南亞對鐘錶的

需求穩定，故此在港鐘錶業大力的市場推動下，香港最終成為了亞洲地區的鐘錶集散地。

　　到了 1960 年代，有數間瑞士錶廠決定來港設立裝配生產線，並在香港生產及出口中檔次的手錶，同時改變了一貫鐘錶業的行規，以「錶芯出產國」決定鐘錶成品的原產地。然而不久後，港英政府又宣布，所有鐘錶成品都要以「裝配地」來決定原產地，政策一推出立即導致不少外資鐘錶裝配廠撤出香港，只剩華資經營以裝配「粗馬錶[1]」為主的工廠留下。因為當時香港的工資仍舊低廉且經營自由，對於一些屬意尋找海外裝配工廠幫

忙的外資公司來說，香港的營商條件仍是非常吸引。故此到了
1960 年後期，港產的手錶外銷量已非常高，主要外銷市場則包
括了英美、亞洲及非洲地區。

風靡一時人人都配戴的「電子錶」

不過到了 1970 年代中期，粗馬錶沒落，同時期「電子跳字
錶」在美國面世，並掀起了全新手錶的革命和潮流。後來，更有
二極發光管和液晶體顯示電子錶的發明，而且美國也將登陸月
球的太空科技，應用於工業生產上，還推出身價極高的電子錶，
成為風靡一時的奢侈品手錶。

接著電子錶技術普及，錶價才得以大幅度回落。香港作為
亞洲鐘錶集散地，在港的鐘錶廠商也嘗試研究高科技的電子錶，
然後梁龍記錶殼製造廠終於掌握到電子錶的生產技巧，進而為
他們的公司帶來巨額利潤。在 1974 年至 1977 年期間，生產電
子錶殼的廠家全都能獲利；1974 至 1983 這近十年間，成就了本
地鐘錶行業的高峰期。直到 1979 年，香港的手錶出口已有七成
是電子錶，更是全球產量第一的地區。不過到了 1980 年代，電
子錶的生產在市場上泛濫，加上港產電子錶成品品質不佳，導
致各個市場都出現割價式競爭，還有傳統錶業強國的進口限制，
電子錶熱潮最終在 1980 年代中期迅速退燒，大量廠家因無利可
圖而結業。

　　另外，早於 1960 年代面世的石英錶，以
石英震盪原理計時，以電池為動力，加上石英
機芯零件較少，工序簡單，準確程度每年偏差
不逾兩秒。由於運行準確且穩定，故一直深
受用家歡迎。到了 1980 年代初期，歐美機芯
廠轉營石英機芯，1984 年石英錶便成為港製手
錶的主流，直到今天也是主流的錶種。1983 年
瑞士斯沃祺集團推出熱爆全球的塑膠手錶 Swatch，
手錶從普通計時器轉型為潮流產物，市場需求大增，
香港亦成錶工業進入黃金時代。不過到了 1980 年代末
期，香港的鐘錶裝配業也受到工業北移潮影響，廠商選擇結束
香港的生產線，辦公室也只保留會計、船務、接單等功能。隨
著內地廠房發展日趨健全，相關部門亦陸續北撤。最後，香港
只剩專營鐘錶零售業務、自創品牌經營，或收購外國品牌的專
利權等內外營銷業務，持續至今。

1　「粗馬錶」：早期供港的鐘錶均以機械機芯為主，以廉價機械錶零件組裝成的手錶，
　　行內就會俗稱「粗馬錶」。

錢錢錢錢⋯⋯成日要錢多
聽到「錢」的聲音──香港金融

「成日要錢多（錢錢錢錢 錢錢錢錢），
乾水乜都喝（錢錢錢錢 錢錢錢錢）
借錢最折墮（錢錢錢錢 錢錢錢錢）
趴低醫契哥（錢錢錢錢 錢錢錢錢）」
　　──《天才白痴錢錢錢》許冠傑／1975 年

　　以前的人常說「香港遍地黃金，處處都是機遇」，因為只要你有錢去投資，錢就會繼續來！當然你要懂得如何投資，才不會賠掉身家。俗語有云「人有錢便身痕（皮癢）」，此話也可以用來說亂投資的人；有錢就拿來投資投機，不懂計算、不懂計劃看時機的話，投資就變成了賭博。

　　香港作為國際金融中心及亞洲的主要資本市場，對於 1980年代後期工業沒落後的香港來說，金融業絕對是最重要的經濟支柱。於 1980 年代起，很多工業商家開始把資金投放到香港的市場內進行投資，導致香港出現了戰後第二次的經濟轉型，政府決定把發展重心，由工業轉移到金融業為核心的服務行業；到了八〇年代末期，在香港的服務業生產總值已超過 80％，自此香港在亞洲，甚至全球的國際貿易和金融中心，建立起重要

的地位，到了 2018 年香港是僅次於倫敦和紐約後，躍升為全球第三大金融中心，亞洲地區排行第一。

於是香港的富商和有點錢的人，都迷上了炒股票、保險買賣和房地產炒賣等投資活動。這些活動造成現在股票市場只要稍有波動，打風下雨、天災人禍就會導致股票市場停市，進而牽連整個香港的經濟和人民的飯碗。所以在香港，人們經常說：香港要放颱風假期，是非常困難的決定。因為有「李氏力場」的影響，而且人們「開口閉口」都有講錢的習慣，No Money No Talk，更成為香港人的日常。

另外，在這地小又人多的香港裡，大部分佔地面積廣闊的高樓大廈，竟主要都是用來炒賣，多過給本地人居住。從這一切來看，香港人需要反思的是：如此持續發展下去，其實會否不能只純粹單靠金融業來維持香港的經濟？香港是否需要更多元化的行業發展？把原有傳統的行業好好傳承經營下來，不要隨意的抹煞推倒，進而鞏固香港經濟和人民的生存空間。如今，香港需要的其實是更貼地氣的經濟發展，避免貧富懸殊加劇嚴重。同時，政府除了要支持商家的發展和低收入家庭的生活之外，面臨前路茫茫，現在社會最重要並佔香港人口比率最大的中層階層，他們前無條件躍升發展，後又無任何支援繼續生存，變成社會上最無奈可悲的一群，已成事實；這現象，更應該正視。

爆趣廣東話

流行惡搞潮語之「李氏力場」

英語：Li's Field／Li's Force Field，是一個在香港流行的惡搞詞彙。因為香港市民認為，香港天文台經常把「辦公時間」內出現的熱帶旋風給「無視」。意思是，在星期一至五上午 9 時半至下午 4 時半期間，即香港證券市場的交易時間內，在這段時段掛上的 8 號或以上的熱帶氣旋警告信號的機率，一直偏低，導致市民經常需要在暴風雨的情況下，冒著危險上班或上課。故有市民便諷刺天文台，肯定是政府與香港首富李嘉誠有官商勾結的情況。因為如果掛上 8 號或以上颱風警告信號，香港便要停市、停工和停學，這樣便會使商界利潤減少，股票市場亦受到牽連。其後，有市民更笑稱，這股阻截政府放颱風假的阻力，可能是李嘉誠在香港外圍，建立了一個能阻擋甚至控制熱帶氣旋路徑和方向、速度的「李氏力場」，以避免因停工或停市而導致任何經濟的損失。「李氏力場」這個詞語一直被廣泛使用，每逢颱風駕到，天文台又不掛颱風警號時，香港市民便會諷刺說一句「肯定又是李氏力場在發功了！」

最引以為傲的自由城市

香港自由港政策

· 從 1841 年 6 月 7 日開始實施至今

一個自由的港口

　　香港於 1841 年開埠後，由香港首任總督砵甸乍宣布「香港乃不抽稅之埠，准各國貿易，並尊重華人習慣」，從此香港正式成為「自由港」，開啟了百年自由貿易的歷史，令香港成為了中國大陸與歐洲各國的轉口貿易渠道之一。

　　當年香港的自由港政策具體是指，香港擁有貿易的自由，任何進出口商品，除了香菸、酒類、甲醇、碳氫油等以外，均不會收取關稅，而且當中的貿易報關手續亦十分簡單。其次是，在香港的企業擁有經營的自由，商家可按自己的意願進行投資，沒有限制。無論是貿易、商業、工業或是航運等，香港都採取不干預政策，令投資者能更安心經營事業。另外，金融市場的開放，更是成就香港成為匯率自由的國際金融中心重要基礎，股票市場、外匯市場、金融期貨市場都是全天候開放，黃金亦可以自由買賣，資金的使用絕對自由。最後就是，人員進出香港的自由，所有外國人來到香港進行投資營商、訪友探親，甚

至是旅遊，同樣都得到香港自由港政策得保障。這個「自由港」政策令香港維持了一百多年的穩步發展，建立出這塊開放且多功能的國際金融中心，以及舉世聞名的自由港地位。

一個繁忙的貨櫃港

於 1992 年起，香港已有十二年都高踞「全球最繁忙貨櫃港」之名，因為香港具備了最完善的自由港條件。不過，直到中國大陸改革開放，並開始發展自己的貨櫃物流業，令香港的貨櫃物

流業面對沉重打擊。雖然香港仍然能維持在全球前 10 位大貨櫃港吞吐量的排名，但全球排名中，內地政府經營的港口也佔了 6 位。近年，再加上香港特區政府積極融入大灣區，規定必須與內地各個城市取長補短，優勢互補、互惠共贏，所以未來原來貴為香港最大型的葵青貨櫃碼頭都將面臨清拆的命運，而相關的貨櫃物流業和貿易轉口業等，可能亦只能逐漸步向黃昏。

以金錢搭建的金融名城
國際金融中心

· 從 1841 年 6 月 7 日開始實施至今

一枚銀幣的改革

香港的金融隨著香港開埠，一同發展了一百七十年，而金融業更成為了現今香港經濟中最舉足輕重，影響巨大的行業。作為亞太區國際金融中心的香港，其貨幣歷史的啟航，亦是因為香港自開埠以來就成為「自由港」而起。

在開埠的初期，已經有多間英資洋行在香港成立，並有不少華人從事與貿易相關的業務，當華人來港設立南北行生意時，香港的銀行和金融行業便應運而生。1845 年，香港的第一家銀行「東藩匯銀行¹」正式營運，到翌年更發行了首次在香港出現

的港元（紙幣上寫作「港員」）鈔票，也就是香港紙幣。到了1862 年 7 月 1 日，港英政府開始推行幣制改革，以銀元作為基本法定貨幣。由於香港在開埠初期，均以中國銀兩和銅錢為主要的流通貨幣，加上外國的銀元也充斥在市場上，多種幣制造成市場交易和匯率出現混亂，而當中墨西哥的「鷹洋 [2]」更是當時指定的貿易標準貨幣。

到了 1863 年，港英政府開始向英國訂製一毫及以下面額的硬幣，並於 1866 年成立香港鑄錢局，還在香港鑄製五仙至一元銀幣，確立「元」（硬幣上寫作「圓」）這個貨幣單位名稱，其後中國、日本和韓國也仿效之。不過，當時的銀幣上因為鑄有維多利亞女王肖像而不受歡迎，加上使用時不及當時的「鷹洋」認受性高，故此香港鑄錢局只營運了兩年便結業，並迫使港英政府於 1872 年起重新委託英國鑄幣，但最高面額只有半元（即五毫）。

一個世紀的金融名城——中環

由十九世紀末期到二十世紀初期，香港的版圖由只有從香港島伸延至九龍區，後來更拓展至新界區，而且當時的香港人口暴增，與此同時也已成為了遠東的重要貿易轉口港。隨著香港的貿易與商業的發展，多個國家的外資銀行如法國、日本、

台灣、美國、英國、荷蘭及比利時等，也紛紛來到香港開設分行，而且這些外資銀行都聘用了華人來工作，成為了香港銀行史中，自開埠以來第二大轉捩點。當時，這些外資銀行進入香港市場後，都聚集在維多利亞城的中環區，昃臣街至畢打街一帶設立分行，形成了時至今日仍然非常著名的「銀行區」，而且當中最著名的就是在 1886 年建成的滙豐銀行大廈。這幢大廈因為充滿著維多利亞時代仿古結構的風格，並坐落於中環最繁忙的地段，所以成為了當時銀行區的標誌性建築。同時，滙豐銀行在香港銀行體制的地位，更是重中之重。

1　「東藩匯理銀行」：英文名為 The Oriental Bank Corporation，同時亦稱為「東方銀行」、「東亞銀行」；在香港又稱為「金寶銀行」、「東洋銀行」；在福州稱為「東藩匯總銀行」；在上海就是「麗如銀行」。它是香港第一家開業及發鈔的銀行，創辦於 1842 年，前身為「西印度銀行」（Bank of Western India），是英國與印度合資經營，總行設於印度孟買，但早期卻是以鴉片押匯為主要業務，期後總行遷至倫敦，並改名為 Oriental Bank。

2　「鷹洋」：正式名字為「墨西哥銀圓」，亦稱為「英洋」、「蝠洋」和「墨銀」，是墨西哥獨立後所鑄造的銀圓，曾經於世界各地流通使用，更是最具代表性的貿易銀圓之一。

PLUS 1

維城銀行區就是要「噓！」

· 地址：中環東以戾臣道 (Jackson Road) 為界，西至畢打街 (Pedder Street)

　　在維多利亞城時期，香港的「銀行業」對香港來說是非常重要的。因為牽連到貿易和商業，所以當時的港英政府都非常重視銀行營業的環境，故此港英政府特意頒布禁令，所有進入「銀行區」內的車輛均不得任意鳴笛，以免產生噪音進而影響銀行的日常運作，於是「銀行區」又有「禁區」之稱。然而，經歷一個世紀的滄桑，老街依舊存在，中環街道亦經歷了多番的變遷，

主要的金融和銀行都仍然在此，但今天的中環街上已變得熱鬧且吵雜無比。

一個股票市場的開始

香港最早期的股票交易，可以追溯到 1874 年時。根據當時《中國年鑑》的記載，香港已有股票及股份交易商，而且香港首間證券交易所則在十九世紀下旬出現。不過，當時的交易所並沒有一個固定的地點，主要分佈在中環皇后大道中至雲咸街一帶，而且當時的交易所設備都非常簡陋，在那一帶更集合了從各個國前來的人，包括英國人、德國人、英籍印度人、中國人、亞美尼亞人、帕西人和猶太人等，所有人都來這裡進行股票投資買賣。值得一提是，1870 年代的華人已有參與股票市場的買賣。

到了 1891 年，香港首間證券交易所正式成立，名為「香港股票經紀會」（The Stockbroker's Association of Hong Kong）。證券交易所成立時只有 21 名會員，又碰巧遇上香港經濟低迷時期，股票市場投機開始活躍。有見及此，香港政府便根據怡和洋行的提議通過了《公司（股票買賣）條款》，禁止股票的炒賣活動。其後到了 1914 年，該證券交易所易名為「香港證券交易所」（Hong Kong Stock Exchange），並在 1934 年正式於中環雪廠街設立會址。由於當時的證券經紀時常會在雪廠街聚集，故此這條街又被命名為「大鱷街」，而「大鱷」的意思則是「證

券經紀像鱷魚般吞噬人們的金錢」。

　　香港初期的股票交易，是按月結算，令投機風氣更濃厚。不過到了 1925 年，香港發生大罷工，導致所有交易所會員都受到打擊，從此投資方式發生改變，一切交易都需要使用現金，並一度禁止期貨買賣。事件過後，香港股票市場正式取消現金交收的做法，但 24 小時內交收的條款卻一直維持到戰後。當時要在證券交易所進行買賣，必須先成為會員，而且要成為會員

就必須在滙豐銀行開設一個帳戶。不過,當時要在滙豐或者渣打銀行開戶,是一件非常困難的事情,因為必須有推薦人和十足的財力,才能有開戶的機會。此外,還要有良好的信譽,才能拿著銀行帳戶成為股票交易所的會員。意思是,要有錢、有地位、有品格的人才能參與的股票投機活動。

在香港淪陷時期,香港證券市場一度暫停營業,當時的人們更被迫出售所持有的股份。戰爭過後,由於早期股東名冊記錄遺失,故此原本股份的持有人便出來提出申索,令當時的證券買賣被受關注。到了 1945 年,香港重光後港英政府便頒布了一項「暫行禁令」,命令所有財務機構關閉,並禁止部份地皮和證券買賣活動。直到第二次世界大戰結束至 1960 年代中期,香港證券市場才得以平穩發展。1960 年代後期,香港證券交易所仍然設於中環雪廠街內,不過那時在此投資股票的華人已經佔大多數,而外資經紀則全都是本地的外國人擔任。

香港重光後,政局回復穩定,經濟亦進一步發展,以往被外調的資金亦陸續回流香港。同時海外的資金,尤其是東南亞的游離資金亦大量湧入香港,銀行對股票押款條件也相對放寬,從而讓香港的股票市場再次蓬勃起來,股市上的股票經紀亦開始活躍;到了 1969 年更進入了狂熱階段。

PLUS 2
屬於香港的股票指數

恒生指數

　　恒生銀行為了配合股市的發展，在 1969 年 11 月 24 日正式推出香港股票指數「恒生指數」，內裡包含了多個實力雄厚、交投暢順的「藍籌股」，這些成份股約佔整個股市總值和成交額的 70％以上，能夠反映出整體股票市場的基本走勢，後來恒生指數更成為了家傳戶曉的香港股票指數。

　　從 1960 年代開始，香港經濟因工業化而起飛，房地產價格亦穩步上揚，工商業活動亦轉趨正常，引來許多公司都將股票上市以籌集更多資金。當中，更有不少歷史悠久的老牌英資公司，以及許多新成立有潛質的華資公司。這一切為香港於 1990 年代後工業沒落，轉向發展成國際金融中心，打下了強健的基礎。

特別篇

「係技術性調整，沒事，唔駛驚！」

電視劇《大時代》

「股票之道在於人棄我取。」
「我相信今日係大奇蹟日，今日股市一定會升。」
「當大家買跌的時候，你一定要買升。」
「一個人要成功，就一定要找自己世界。」
　　　　──經典港劇《大時代》名句

《大時代》是 1992 年在香港上映的商戰長篇電視劇，是「爭產類港劇」的超級經典代表作。劇情以 1960 年代至 1990 年代香港的股票及金融投資市場為主線背景，當時香港還處於港英時期，並以兩個家族兩代人之間的恩怨情仇為故事藍本，講述香港社會的利益爭鬥和是非恩怨，還搭配眾多好戲之人的傾力演出，劇情及演技都──震撼了觀眾的心。

筆者還記得，當年吃完晚飯後，全家就會「坐定定」在電視機前收看。《大時代》初時的播放時間是晚上 7 點半，這是香港很多家庭剛吃完晚飯的時刻，媽媽還沒來得及洗碗，劇集就準時放映。即使有的家庭硬要提早到 6 點半吃晚飯都於事無補，所以當時的媽媽們把碗筷「置之不理」是常態，反正看劇為上，看完再慢慢清理現場。

　　《大時代》想帶出的是「股票是人的遊戲！」的訊息。對於有潛力發展的公司，可以利用股票來集資速進企業的發展。對於一般人來說，股票則是一種理財方式，善用的話亦可為自己帶來金錢的增長。對於整體社會而言，更能促進經濟的發展。《大時代》表現的就是股市監管不力的時代，而且亂局不斷但又無可避免，因為只要有人類的參與，股票市場便會不斷充滿著複雜性和不確定性，這是至今即使有監管收緊都無法改變的事實。

　　同時在此劇播出後，香港便衍生出一個詞彙，就是「丁蟹效應」，因為主角之一的「丁蟹」（由鄭少秋飾演），在劇中經常在股市熊市時，拋空恒生指數的期貨「一直買跌」從中賺取暴利，而剛巧劇集播出時，香港的股市竟然也一同暴跌下來，恒生指數更一個月內跌破 20%，令到大量股民損失慘重。自此大家都認為只要鄭少秋的新劇上映期，就是股票大跌的預兆，更稱這個情況為「丁蟹效應」。由於此效應命中率確實有點高的關係，民間還搜集了大量數據，想要證實鄭少秋劇的威力，而且更有詳細數據的分析並發現，原來自 1973 年起，每逢有他參與的電視劇一上映，香港的股票市場就會突然急瀉。

1990 年代超經典商戰劇

鄭少秋、劉青雲、藍潔英、周慧敏、郭藹明、曾江、劉松仁等人主演

人生一直走運的主角「丁蟹」，在最後一場股票投資中，因為太貪心，大手買了期指下跌。但他的好運已用盡，當刻竟然出現「大奇蹟日」，期指由開市大跌後從低位大幅反彈並暴升。丁蟹害了全家欠債 100 多億，而且有相當一部分是國際「黑幫勢力」的資金，他和兒子們即使走到天涯海角都會被人追殺，最後丁蟹只能全家一起走到貿易廣場天台，丁蟹先把三個兒子拋下樓，然後長子跟他再相繼跳樓自殺。不過，最後他在躍下時卻被電線絆著死不去，最終被捕並精神失常了。這個超級偏激的劇情震撼了全香港人，亦反映出股票投資有升也有跌，而且現實中確實有很多人因為股票投資失利而賠上整副身家，亦有人從此走上絕路。一《大時代》

香港樓市走向瘋狂之路
炒樓天堂

·1950 年至今

> 「只要買過樓、炒過樓，就明香港係癲癲㗎。」

　　於戰前的香港，並沒有買樓的概念，一直到了戰後五〇年代，香港出現樓宇「分拆出售」和「分期付款」，一般市民只需要先交付樓價的一半，甚至一成金額，便可以即時晉身業主階級，擁有自己物業，完成傳統安居置業的目標，進而衍生出港人認為「買磚頭能保值」的概念，開啟「樓奴」的人生。

　　香港擁有半個世紀的房屋發展史，於戰後初期，因為有數以萬計的人扶老攜幼從內地逃難到香港，令香港於短時間內人口暴增，人口於數年間由原本只有 50 萬人，激增至 220 萬人，進而出現嚴重房屋短缺的問題。但當時的華人普遍都是工人階級，一般收入僅得百餘元，大家都是租樓或屈居於寮屋、徙置區、板間房等，居住環境相當惡劣。也就是說，當時的人們只求有瓦遮頭，並沒有買樓的概念。加上當時市場的交易都是按照一張地契、一整幢樓，或者是一個地段作為單位來買賣，沒有像現在以一個樓宇作單位。所以在以前，買樓都是有錢人的「玩意」，

一般是地產商或大家族才會活躍於買賣。

直到 1947 年香港才首次推出「分層出售」的賣樓制度，即分層業主共佔地權，並有樓契說明各業主之權益，而且因為拆細後入場門檻降低，市場反應良好，當時更成為一時佳話。然而再

破格的策略，對當時的打工仔來說，仍然是遙不可及的置業夢。然後到了 1954 年，首次推出「分期付款」及「賣樓花」的銷售策略，即買家可以樓價的五成作為首期訂金，於交樓前分期付清餘下五成款項，也就是買家只需付一萬元，便可晉身成業主，這才為地產市場帶來翻天覆地的改變。當時的發展商在收取訂金後，才動工建樓，亦即是賣「樓花」，這些創新的銷售安排，令當時市場中人都嘖嘖稱奇，並吸引業界爭相仿傚，結果造就人人蜂湧爭買樓的盛況。

再到了 1960 年代，香港的銀行看中樓宇買賣的可觀生意，便開始把樓宇按揭（房屋抵押）納入銀行業務範圍之內，並建立出全面按揭系統至今。到了 1980 年代，銀行已可提供九成按揭，隨便拿出 40 萬就可以全額付清樓價並買入單位做業主。直到 1990 年代（即在短短的十年間），當時價值 40 萬的樓宇就升至 300 萬以上。從此香港全民都為樓狂，形成現在這個近乎「有升無跌」的黃金神話。

於 1990 至 1997 年間，是香港樓價瘋狂暴升的時期，也有很多人上午買樓，下午就成功賣掉了，這是出現在回歸前瘋狂炒樓的年代，令樓價狂漲，不過同時也意味著許多人買不起樓。到了 2003 年香港樓價終於見底，當時的樓價與 1997 年的高位相比，足足跌了 70%，因此當時有不少人突然變成「負資產」一族。

默默守到 2011 年，香港的樓價才再度回升，加上內地客也加入香港炒樓的戰場，以及樓市是政府主要的收入來源……令樓價一直高踞不下，而形成長久以來「有屋無人住，有人無屋住」的局面。另外，公屋又供不應求，入住公屋的門檻又追不上市場，一般的香港本地居民無法申請入住，被迫無奈在外面捱貴租住劏房，更窮得如老人，進不了公屋還只能住在環境最差的籠屋，甚至流落街頭。然而，同時間又有大量新移民來港後，不工作反向政府拿取綜緩金及公屋單位後，由全香港的納稅人來養活他們，形成「香港本地人買不起樓宇，又沒有資格住公屋，還要無奈地養活著這一大群不去貢獻的人」，這些就是香港風光的炒樓市場背後，最荒謬諷刺的城市悲歌。

就如金像獎電影導演陳果說過，「當山頂纜車退役、維港兩岸景色也換畫時，炒樓狂熱從未退潮。」在 2021 年新冠肺炎疫情期間，地產商為配合政府「谷針」（鼓勵市場接種新冠疫苗），更推出不同的抽獎活動，只要接種疫苗就能得到抽豪宅單位的機會。奧運金牌運動員凱旋而歸，更有名人承諾送樓作獎勵，這一切都能揭示香港人「為樓瘋、為樓狂，為樓廢寢忘餐……」的諷刺一生。

炒炒炒……什麼都可以用來炒

現代炒賣大都會

　　香港作為一個彈丸之地，要說到令香港人「最引以為傲」的「經濟活動」，非炒賣市場莫屬。這個活動可以說是既全面又廣泛，而且很多人都以此賺大錢，所有人都參與在其中，並與香港人的生活息息相關，形成了無形的日常生活文化。就如子華神（黃子華，香港著名棟篤笑始祖）所說「人類嘅終極理想都係不勞而獲。」反正一轉手就賺一筆錢，何樂而不為！而且這些炒賣活動，除了一般人認知金融市場內的炒股票、炒樓外，香港人當然沒這麼簡單就肯罷休，說到炒賣市場，香港人又怎會令大家失望，所以我們當然還有以下的精彩炒賣市場。

炒波鞋（運動鞋）

　　物以罕為貴，限量發售的商品令黃牛市場興旺不衰，長青兼具升值潛力的波鞋，如最無可取代的Air Jordan系列，就是炒波鞋的首選。在香港，一對原價

逾千元的波鞋可以炒過萬元，每逢有限量版波鞋推出，炒鞋排隊的畫面到處可見，甚至是鞋盒一樣可以炒起來。而且炒波鞋更是非常國際化的炒賣市場，與炒股票十分相似。

炒咪錶（停車收費錶）

想在街上合法泊車，就要找到有咪錶的街道才可以，但是為配合日常交通安全與防止道路阻塞，咪錶位置一直都是很少，加上有些地區的咪錶一直會有人用各種方式強行霸占，故便衍生出炒咪錶情況。在這些地方，想要泊車就無奈要捱炒價了。

炒的士牌（計程車牌照）

正如行內人所說「有牌好過有樓」，因為政府沒有徵收的士牌價稅，亦沒有特別的監管等，而且

可以用來收取租金，所以一個牌照每天至少可以賺到 1 千港幣的租金。每個月合計的話，就可以賺到 2 至 3 萬港幣的租金，對比房屋租金，賺得錢更多。

炒場紙（政府康文署旗下的運動場地租用許可證）

因為康文署的運動場地有限，加上康文署的場租費用一直遠低於市價，形成市場上出現龐大且供不應求的情況，故此便有團體以優先預約場地的方法，把預約到的場地推出市場以高價炒賣「場紙」。不過近年政府開始收緊租場的規定，以減低炒場紙的情況。

炒月餅

　　疫情前某某品牌的月餅，
曾經每年都會有炒賣潮。因為
多人愛吃，加上外來遊客的追
捧，所以每年都有一餅難求的狀
況。不過近年此品牌因為社會因素
影響，現在這已沒有炒賣市場了。

炒廚師腸（香腸）

　　要說到一個香港人最愛兼從小就吃到大，早午晚三餐、
BBQ 和打邊爐……都離不開的香腸品牌，非美國廚師牌雞肉腸
莫屬。當它於 2018 年尾曾傳出美國母公司破產並停產的消息，

新聞一出，令香港人傷心欲絕，而且簡直是晴天霹靂！「沒有
了廚師腸我們要怎麼辦了？」事件還導致市場出現搶購廚師腸
的情況，超級市場的廚師腸竟然都被搶購一空，後來更因為市
場貨源短缺而出現了炒賣潮；由平時 20 多元一包，炒至 200 多
元一包。最後有見及此，香港代理商就為大家的絕望帶來希望，
代理商決定用回同一配方為大家再次生產「廚師腸」，才得以
填補香港人沒有了廚師腸的空虛心靈，炒廚師腸的熱潮亦告一
段落。

炒疫苗

在新冠肺炎疫情
前，來自中國國內的
旅客經常會特意前來
香港接種不同的疫苗，
最常見的如女性 HPV（預防子
宮頸癌）疫苗等。因為中國國內市場經
常充斥著假疫苗或不合格的疫苗，更有部分疫苗
在國內沒有提供等關係，加上香港本地的疫苗原本已是
供不應求的情況下，導致疫苗的價格飆升，更要輪候超長時間，
就連香港本地都沒有足夠的配套。

炒車位（停車場車位）

在香港原本的泊車位就很少，每個假日，只要看各大小停車場都會大排長龍，就會略知一二。加上賣車位的「入場費」低，而回報率高且穩定，入手一個車位又可以收取租金，轉讓時又容易，所以炒車位市場便應運而生。

炒演唱會飛（演唱會入場券）

香港的黃牛黨都是有組織，有系統、有架構、懂多國語言的經營著，而且非常猖狂。但無奈地講到追星，粉絲真的可以不惜工本，所以演唱會的炒賣市場絕對是有價又有市。

炒 iPhone

在香港街頭上，不難發現每十個人內，都會有六個人手上用的都是 iPhone。蘋果手機一直都是有市有價，每有新 iPhone 推出市場預定的首幾小時，大家都會不眠不休在網上搶新 iPhone，因為第一手搶到的 iPhone 可以炒貴好幾千港幣，捱一個晚上就可以轉手賺幾千，大部分香港年輕人都有參與過，。而且新 iPhone 取貨的第一天，Apple Store 門外更會站著多個手機「收買佬」，以高價收購你手上那部還沒開封的全新 iPhone 手機，故此很多人即使不換新手機，也會在新 iPhone 開賣日一同瘋狂按 F5，務求搶到第一天就能拿到新 iPhone 的機會。

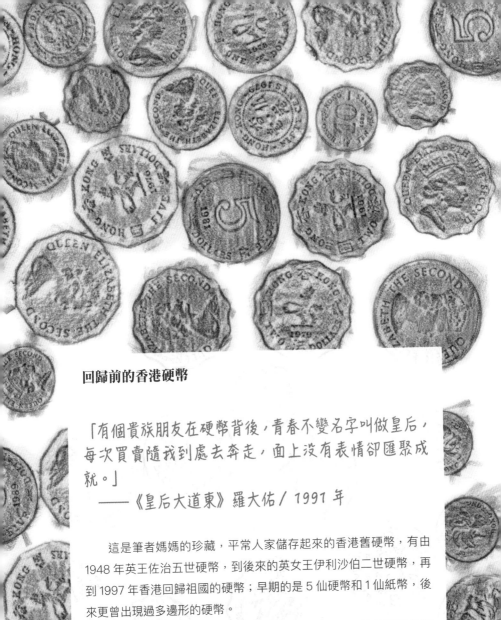

回歸前的香港硬幣

「有個貴族朋友在硬幣背後，青春不變名字叫做皇后，
每次買賣隨我到處去奔走，面上沒有表情卻匯聚成
就。」
　　——《皇后大道東》羅大佑 / 1991 年

　　這是筆者媽媽的珍藏，平常人家儲存起來的香港舊硬幣，有由
1948 年英王佐治五世硬幣，到後來的英女王伊利沙伯二世硬幣，再
到 1997 年香港回歸祖國的硬幣；早期的是 5 仙硬幣和 1 仙紙幣，後
來更曾出現過多邊形的硬幣。

　　香港的貨幣同樣滿載著香港的歷史與文化痕跡！這幅插圖是筆
者媽媽花了數天，將一個一個硬幣掃印出來。硬幣的正面和背面都
有著不同的特色，雖然看似普通平凡，但內裡卻充滿著意義。

不朽香江名句

「同處海角天邊，攜手踏平崎嶇！
我哋大家用艱辛努力寫下那不朽香江名句」
——《獅子山下》羅文 / 1979 年

　　在小小的漁港築起百年的維多利亞城，由山城進化為「亞洲四小龍」，再躍升為國際金融大都會。以前的人常說「香港地靈人傑」，因為這裡不受地震、海嘯及洪水的影響，有利於一切商業的穩定發展，成就人們曾經不停掛在口邊的一句話，「香港就是一塊福地」。

　　港英政府花了百年時間和心思，將香港由一個不起眼的漁港，成功打造成叱咤一時的國際商業名城。這座擁有百年歷史的山城，就是那個以維多利亞女王名字命名的「維多利亞城」！香港還有著經典的痕跡等待我們去發掘，只要用心去考究翻查資料及歷史記錄，不難發現香港的故事是多麼的傳奇精彩。

消失的維多利亞城
The Lost City of Victoria

　　在鴉片戰爭爆發期間，英軍首先在香港島南部的赤柱[1]登陸，並於附近一帶開始聚居發展。直到開埠初期，香港島南部已急速發展起來，人口密度高[2]，社區變得繁榮昌盛；當時的赤柱更差點成為香港的首府。不過，到了 1841 年 1 月 26 日，英軍再於香港島西北部登陸，並於「佔領街[3]」的「佔領角[4]」升起了聯合傑克旗，正式開啓傳奇式的巨變。

　　在開埠前，香港島只有二十個村落，而北部更是人口稀少，加上地勢高峻，又與九龍半島有一水之隔，港英政府認為這一片海港的地理位置，非常適合作為遠洋輪船停泊的避風港，既方便停泊又方便卸貨補給。故此，便決定將中環開拓成政治及貿易的中心，更把東西兩邊劃分為城區，並命名為「女皇城[5]」。

　　隨著城市發展及華南人口不斷激增，到了 1841 年 6 月，港英政府開啟了首次的地段拍賣，把上環至下環的部分地段賣出，以加速城市的發展。同年的 11 月，港英政府再把中西區，東至花園道、西至雪廠街、北至皇后大道中，以及南至上下亞里畢道

範圍之間的山坡納為「政府專用山」，自此東部為軍事用地，西部為政事用地，並命名為「政府山」（又稱為「鐵崗」）。其後，輔政司署（1848 年落成）、督憲府（1855 年落成）、雅利賓政府宿舍，以及英國國教聖公會的聖約翰座堂（1849 年落成）等，亦相繼在此山落成。

直到 1843 年港英政府把「女皇城」正式改名為「維多利亞城[6]」（以下簡稱：維城）。由於當時正值是維多利亞女王[7]在位期間，所以為了彰顯女王及大英帝國的威權，便把城市的名

政府山

字以女王的名字來命名。到了 1857 年,港英政府在維多利亞城內實施起行政區劃,從此中西區便成為了當時的香港首府、政治和經濟的心臟地帶,且一直擴大範圍及更換其行政區的劃分,並維持到第二次世界大戰後才停用。隨著維多利亞城的建設,港英政府在城內設置起不同的社區設施和建築,更搭建起大型道路連接各地區,只要在街上細心留意身邊的事物,我們還是可以找到一些百年維城的足跡。

1 「赤柱」:於古時便是香港島主要的聚居地之一,在明朝已有赤柱這個地名。此處以往是水上漁民的聚居地,有無數的船隻停泊在此。另外,「赤柱」的其中一個解說是,相傳舊時有很多海盜聚集在此,所以當時的蜑家人就稱這裡為「賊住」,但蜑家人的廣東話不純正,長期演化下發音就變成了「赤柱」。

2 「人口密度高」:1841 年 5 月,即香港開埠後數月,港英政府就曾在香港島進行了首次的人口統計調查。據資料所示在香港島約有 4280 名原住民,其中就有超過 2000 人是居於赤柱一帶,而當時水上人口佔的比例最多。

3 「佔領街」:英文名為 Possession Street,即是現今的水坑口街亦是香港最古老的街道,現在水坑口街的英文名字同樣是 Possession Street,只是該區重建時將中文名字採用了當年華人習慣對這條街的稱號「水坑口」為名。

4 「佔領角」:根據香港旅遊發展局的資料顯示,當年英國海軍登陸香港的位置稱為「佔領角」(Possession Point),亦即是今天的荷里活道公園所在地。

5 「女皇城」:英文名為 Queen's Town,是「維多利亞」前身稱號。

6 「維多利亞城」:法律上正式名字為「維多利亞市」,英文名為 City of Victoria,又稱「域多利亞城」、「女皇城」(亦是城市命名時的次選名字)和「香港城」。

7 「維多利亞女王」:英文名為 Queen Victoria (1837～1901 年),全名為亞歷山德麗娜．維多利亞 (Alexandrina Victoria),聯合王國女王、英女王、印度女王,亦被尊稱為「歐洲祖母」,因為子嗣遍布歐洲各王室的關係。維多利亞女王在位六十三年又七個月,是在位最長的英國君主之一,也是世界上在位最長的女性君主之一,而她在位的時期就被稱為「維多利亞時代」。

百年維城概念
四環九約＝維多利亞城

對於「四環九約」一直有很多不同的解說。1857年，由於港英政府首次刊憲劃區時，原來只是為了要幫維城訂下九個地區，包括：維多利亞、筲箕灣、西環、石澳、大潭篤、赤柱、

四環九約

香港村[1]、鴨巴甸及薄扶林，並為維城分為「七約」，包括西營盤、上環、太平山、中環、下環、黃泥涌及掃桿埔，亦是「九約」的由來。但因為當時華洋隔閡，城區內的中國商民，組成地區聯盟，自訂規約，聯防互衛，略稱為「約」。由於當時鄉約的範圍和維城的區劃相近，故此在華人之間便曾以「三環七約」及「四環九約」等來俗稱「維多利亞城」。所以簡單的理解，其實「四環九約」就等於維多利亞城的區劃。

港英政府為維城規劃範圍時，中環已經是香港島的政治與商業核心，海旁及沿山一帶建了無數的歐式建築物，灣仔春園街一帶則是環境優美的海濱高尚住宅區，在政府山和中環街市之間還經營著無數的洋行[2]。當時的華人都是集中於上環一帶營商及居住，並建起了一排排樓高兩層的唐樓，與中環的歐式建築相比，有著強烈的差異。到了 1850 年代，港督寶靈（Bowring）為了解決當時因華南地區亂變，導致大批華人舉家逃難到港，使維城在短短數年間人口暴增，造成土地不足的問題，於是港英政府便開啓了港島北部的填海大計，以中環為核心，在上環海旁一帶向外填海，並向東邊（現今灣仔）及西邊（現今西營盤）方向擴展而去，欲以打造成「寶靈城」（Bowring's City，又稱 Bowrington）來增加土地的供應量。

不變的「四環」重心

　　維城中的「四環」（環，英譯 Districts）是指西環[3]（堅尼地城至西營盤國家醫院[4]）、上環（西營盤國家醫院至威靈頓街與皇后大道中交匯處）、中環（威靈頓街與皇后大道中交匯處至美利操場[5]）、下環（美利操場至灣仔一帶）。「四環」內的人口眾多，屬於市區範圍，當時的華人亦俗稱「四環」為「環頭[6]」，至於「四環」以外的地方則為「環尾[7]」。

舊中區警署總部大樓（又稱大館），建於 1919 年

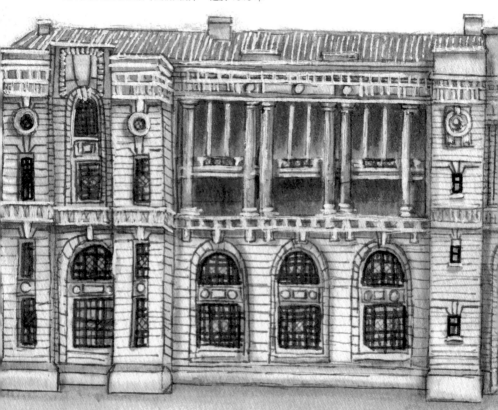

幻變的「九約」規劃

「九約」（約，英譯 Sub Districts）指的並不是一個固定數目的「子區劃分」概念，而是隨著不同時期而修訂。九約在最高峰期時，就曾經包含了十一個約，而且在規劃初期時，才只有七約。作為「約」的子區劃分，除了西營盤、上環、中環是一直在約內，其餘的子區則是隨著當時行政需要而有所增減。例如：大坑、高士威、東角、西角、西環等，就是在眾多修訂版本中，只出現過一次的約，所以簡單理解「約」只是一個概數統稱，並不是實數。

阿 SIR，你守邊個「環頭」㗎？

當時「四環九約」的劃區下，華人稱維城內較具規模的警署，如大館、一至九號差館等為「環頭警署」，至於維城以外較小型且無編號的警署則為「環尾警署」，如灣仔警署及薄扶林警署。後來，為方便香港皇家警察日常執行職務，警務處把香港劃分為六個「總區」（Region），每個總區再會劃分為若干個「警區」（District），總共是二十四個。所以在行內就把「警區」俗稱為「環頭」，因此「環頭」的意思就成為了「警區」，並一直沿用至今。所以如果問警察「阿 SIR，你守邊個環頭㗎？」，意思就是「阿 SIR，你守哪一警區的？」

1 「香港村」：英文名為 Heong Kong，別稱「香港圍」，即現今黃竹坑舊圍一帶，是香港島上的一條古村，其歷史可追溯到明朝中葉（約十六世紀）。到了清朝初期受到「遷界令」的影響下，香港村曾一度消失，直到 1759 年才重建。故此，當時洋人接觸到的已是復界後的香港村。於十六世紀中期，遠洋輪船都在香港仔一帶補給，他們從蜑家漁民口中認識了「香港村」。直到十八世紀，洋人已把整個島嶼稱為「香港」。到了 1841 年，中英雙方起草《穿鼻條約》，「香港島」這個名字才首次在國際文件中出現。隨著城市擴展，港英政府把整個地區（港九新界）合稱「香港」，又把石排灣一帶易名為「香港仔」。

2 「洋行」：華人與洋人進行國際貿易的商行、公司及代理行，專營入口、出口及轉口商品的商品貿易組織。香港最早成立的大型洋行之一，就是「怡和洋行」（英文名：Jardine Matheson，前名「渣甸洋行」）。

3 「西環」：在正式的官方文獻上，其實並沒有西環這個名字，根據記錄只能找到英文地名 West Point，中譯就是「西角」之意，如同銅鑼灣的東角（East Point）。至於西環的名字，相信是當時華人為方便計算，便把西營盤、石塘咀和堅尼地城一帶統稱為「西環」，並與上環、中環、下環合稱為「四環」之一。

4 「西營盤國家醫院」：即現今西營盤賽馬會分科診所的位置。

5 「美利操場」：即現今中環中銀大廈位置。

6 「環頭」：指的是四環範圍內人口集中且稠密的地區。

7 「環尾」：指的是維多利亞城盡頭與邊緣的地區，亦即是四環以外的地區。

百年維城刻畫
維多利亞城界碑 City Boundary 1903

· 建築年份：1903 年
· 地址：香港島

　　維多利亞城大致可以分為三個區域，包括海旁、半山及山頂。半山區（即太平山山腰位置）自建城以來都是高級住宅區。至於山頂（即太平山山峰位置）則是華人禁地，華人不能輕易在這區內建屋，因為這裡曾經是香港總督別墅的所在地，更是富豪和外國領使的居所；直到現時，山頂仍然是達官貴人的住處集中地，住在這裡可説是非富則貴和身份的象徵。直到第二次世界大戰後，維多利亞城的區劃正式停用，這區才逐步解禁。因此在二戰前，維城的發展均集中在海旁，並一直向外擴展開去。

　　於 1857 年港英政府刊憲劃區後，維多利亞城的城界曾五度擴展，於是港英政府便在 1901 年刊憲，要為維多利亞城建造界石，目的為要把依山而建的維城劃出分界線，讓大眾更清晰分辨維城的範圍。直到 1903 年，終於在維城的邊界周圍，進出城的主要通道附近，豎立起城市界碑來釐清界址。

　　經過百年的城市發展及時代變遷，界碑的法律效力亦全失。更可惜的是，時至今日，我們已難以考究當時的港英政府，總

共豎立了多少座界碑。另一方面，近年香港人對自身家園的歷史越見重視，不少保育團體不停地促請政府的古物古蹟辦事處，盡快為這些沒受法例保護的百年政府文物，給予歷史價值的肯定，並加以保護及保存。因為如果不受法例規管的話，無數的歷史石碑都會像馬己仙峽道的界碑，和佐敦 K.I.L. 7068 界石[1]一樣，突然無故「被」消失。

K.I.L. 7068 界石

嶼南界碑

嶼北界碑

群帶路里程碑

WD3／BO24 界石

九龍水塘界石

界碑是反映香港開埠初期，土地買賣和城市構建的重要歷史遺物。若消失，就如同可知歷史的痕跡被抹去，就像真實的記憶遭強行被刪除一樣可惜。它看來雖然只是一塊石頭，但卻蘊含著百年前人的努力，我們必須努力保存這些瑰寶，才能保留香港這片土地的文化價值。

新九龍界石

大潭水塘群帶路里程碑

海軍界石

MOD 軍部地界

1「佐敦 K.I.L. 7068 界石」：原位於佐敦加士居道與彌敦道交界，循道中學圍牆的下方。石上刻著的 K.I.L. 是九龍內地段（Kowloon Inland lot）的簡稱（K 字的部分已損毀），數字則是地段的號碼。地段界石是七〇年代前，港英政府為了勾畫土地界線而豎立的界石，一般會放在舊建築的角落；市民可在土地註冊處查找這組字元，取得有關物業的資料。因此 K.I.L. 7068 就代表著「九龍內地段 7068」。然而，這座界石於 2021年 10 月在一項小型的鋪地磚工程後，卻突然遭無故移走，最後不知所終。

① 摩星嶺：域多利道以南，摩星嶺及前公民村之間的山坡上。

② 堅尼地城（城市西界）：西寧街以北，堅尼地城臨時遊樂場
內（此石碑原址位於現今西寧閣內，於 1970 年填海工程前，
此處原來是金銀泳棚附近，其後石碑於 1978 年才被搬移至堅
尼地城臨時遊樂場內）。

③ 沙灣坳：薄扶林道近士美菲道交界的行人道上，48907 號電
燈柱旁。

④ 龍虎山 1：龍虎山郊野公園內，克頓道下的山坡上。

⑤ 龍虎山 2：克頓道至旭龢道之間的道路旁。

⑥ 半山區 1：舊山頂道與地利根德里交界附近的道路旁。

⑦ 半山區 2：馬己仙峽道 15 號的郵筒後（於 2007 年 6 月被無故移走，而不知所終）。

⑧ 半山區 3：寶雲道與司徒拔道交匯處附近的道路旁。

⑨ 跑馬地：黃泥涌道聖保祿天主教小學對面，黃泥涌道休憩花園的空地上。

⑩ 半山區 4：司徒拔道玫瑰崗學校南面的山坡上。

維多利亞城界碑位置圖，已發現的界石碑，共有 10 座

界石碑以花崗岩建造，每座都是約一米高的四方柱狀，頂部呈錐形，碑身則刻有 City Boundary 1903 字樣。現在已發現的 10 座界碑（現存只剩 9 座）主要分佈在香港島的西北部，即維多利亞城的邊界。

維多利亞城界碑地下標示牌

最古老的英國國教座堂

聖約翰主教座堂／約翰座堂 St John's Cathedral

· 建築年份：1847 年
· 古物建築評級：香港法定古蹟
· 地址：香港島中環花園道聖公會聖約翰大教堂

　　談到維多利亞城，不得不提及位於城內的聖約翰主教座堂。這座教堂是維城建立初期時興建，根據記載，當時正值維城的擴展及傳教士積極宣教的時期，而且聖公會[1]為當時的英國國教，於是當年英王便把位於維城核心位置的政府山中一片土地，送贈給聖公會的坎特伯雷大主教，准許他不收地稅來興建起聖約翰主教座堂。而且這裡更成為了現在香港唯一一處永久業權形式持有的土地，但條件是這片土地只能用作「教堂」之用，否則便須要歸還給現在的特區政府。

　　教堂於 1847 年 3 月 11 日由第二任港督戴維斯（John Francis Davis）主持奠基，並於 1849 年建成，亦在同年 3 月正式開始崇拜儀式。興建教堂，為的是要照顧當時來自歐洲的社群，而聖公會作為當時港英政府的官方教會，政府便答應承擔起不超過三分之二的建築經費，於是當時的軍官、中環區上流社會都紛紛加入聖約翰座堂所屬的教會。在香港開埠的初期，從大英帝國

來港的大多都是年輕的中產階級商人，港英政府為了加強歐洲
社群的聯繫，例如英軍、商人，才刻意配合他們的信仰和社交
需求，在他們還未抵港前便早早興建起教堂、木球會和會所等
設施。當時的聖約翰座堂就經常被借出，作為社區活動的場所，
例如舉辦冬季舞會等。

1 「聖公會」：香港聖公會原本直接隸屬英國聖公會，屬維多利亞教區，由坎特伯雷大
主教作為教區的轄治權人。其後在 1965 年大主教宣布放棄對港澳教區的轄治權，港
澳教區便成為遊離個體。直到 1981 年，港澳教區由首位華人鄺廣傑，出任主教一職，
任內為教區進行改革及重組，並與中國大陸政府建立良好關係，以確保香港聖公會於
97 回歸時能平穩過渡，最後香港教區升格為獨立的「香港聖公會教省」。自香港回
歸後，香港聖公會與英國聖公會再也沒有任何關聯，鄺氏更升任為首任大主教、教省
主教長、香港島教區首任主教，直到 2007 年榮譽退休。

充滿英國王室氣息的教堂

座堂現為香港最古老的西式教堂建築,以十三世紀初維多利亞時期流行的歌德式風格建築而成。教堂內除了有主教、牧師專有的座椅外,於南邊首行座位上刻有英國王室徽章。1997 年回歸前,這些座位是留給港督及任何到訪香港之英國王室成員專用。另外,西面的鐘樓上刻有 VR 1847 徽章,這是為了紀念教堂是建於維多利亞女王之管治時期的縮寫;大門南面嵌有第二任港督戴維斯爵士的徽章;北面門頂上則嵌有第三任港督文咸爵士的徽章;大門前的地上拼畫,藏有中國景教十字

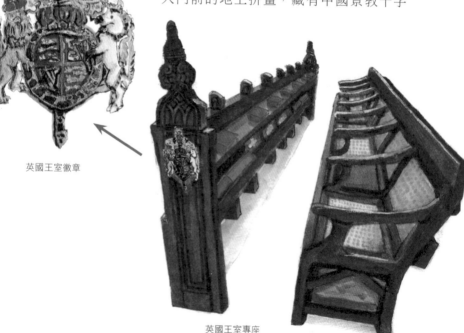

英國王室徽章

英國王室專座

架；北座彩繪玻璃上有香港漁民和舢舨的
畫象；主教座位的扶手則有龍頭設計。可
見，整座教堂除了充滿西方特色外，更加
揉合了中西式元素在內。

VR 1847 徽章

　　時至今日，教堂為了妥善的保育這座
具 170 年歷史的古舊建築，相當盡力地保持其原貌。聖公會堅持
不為聖約翰主教座堂加裝冷氣空調裝置，以免因內外的溫差之故
造成水氣，令建築物受到白蟻的侵蝕，進而破壞這座百多年的建
築，所以座堂一直以來只靠頂部垂吊下來的古舊風扇，維持涼風。
同時，為適應香港亞熱帶氣候，座堂設計均用上可開啟的三葉草
形窗戶。聖約翰主教座堂是在香港難尋，並能對古物古蹟保護到
底的示範。它絕對值得我們來借鏡，該如何能真正的保育到古蹟
的靈魂。

第二任港督戴維斯爵士的徽章

第三任港督文咸爵士的徽章

這個漂亮朋友道別亦漂亮

港英時期政府公函

　　在港英時期，除了會在政府的公函抬頭標上 On Her Majesty's Service「為英女王陛下效忠」以示英女王的崇高地位外，更會把整座山城的名字，以當時的英女王維多利亞來命名。除此之外，在城內各處都能找到女王的名字，當中包括了海港、道路、街道、山岳等，這全是港英政府向女王及大英帝國致敬的方式。除了女王的名字外，港英政府習慣用上英國王室成員、港督，或者高官的名字來為地點、建築物及設施等命名。由此可見，此舉在當時，是相當常見的命名方式，而且有大部分名字更一直沿用至今，非常具有歷史價值。另外，在七〇、八〇年代，正值是香港的光輝時代，各電視台在每日凌晨時分收台時，都會播出一段過場旁白，指全日節目已經播映完畢（當年的電視台不像現在會 24 小時不停播放），隨後畫面便會出現一張英女王的肖像，接著伴隨而來的是英國國歌《God Save The Queen》，

維多利亞女王 Queen Victoria（1819 年～ 1901 年）與英女王伊利沙伯二世 Queen Elizabeth II（1926 年～ 2022 年）

從維多利亞女王開始，到英女王伊利沙伯二世結束。見證了兩個世紀的變遷，印證了兩個時代的終結。兩位在位最長年期的英國君主，充滿了傳奇的兩代英女王，寫下香港的歷史故事。

藉此向女王致敬。直到八〇年代末期，各電視台才陸續取消播放英女皇的片段。這一幕經典的電視畫面，都記錄、刻劃在《皇后大道東》一曲中，當中歌詞是「這個漂亮朋友道別亦漂亮，夜夜電視螢幕繼續舊形象」。

筆者給讀者的小小提示，必讀！

媽啊！好亂……到底「皇后」還是「女王」？

在本篇開始前，筆者必須要先在此好好說明一點，不然繼續看下去，可能需要不斷重複解釋同一個原因，那就是「皇后」還是「女王」的疑惑！因為在香港開埠初期，很多時為了向當時的大英帝國君主致敬，經常會把建築、道路或設施等，以英國王室人員或高級官員的名字來命名，而且當中出現最頻密的除了是英女王的命字 Victoria 外，就是 Queen 最為常見！

這次要說明清楚的就是 Queen！

英文 Queen 的中文除了可以翻譯成「皇后」外，用在女王當家的時候稱謂就應翻譯為「女王」才對，但因為當時負責翻譯的華人英文水平不佳，加上華人對女性君主沒太大認知和概念，便經常錯誤的把 Queen 譯作「皇后」，但應該要是「女王」才正確。大家要理解的是，中文「皇后」的意思是指「男性君王的配偶」，但事實上英國女王自己就是大英帝國的君主，所以她是「女王」才對！這是絕對不能搞錯的事！不過人們偏偏就在這裡一直錯下去。雖然港英政府早於 1890 年曾就中文譯名作出過聲明，但仍有以「皇后」作中文名字出現的，而且還一直沿用至今，都沒有再更改。所以，以下的篇幅將會不斷出現「皇后」和「皇后」……筆者將不會作重複的詳細解釋，敬請見諒！

實現首次填海建路工程的誕生
皇后大道 Queen's Road

· 落成年份：1842 年 2 月
· 地址：香港島皇后大道東、皇后大道中、皇后大道西

「皇后大道西，又皇后大道東
　皇后大道東，轉皇后大道中
　皇后大道東上，為何無皇宮
　皇后大道中，人民如潮湧　」
　　　——《皇后大道東》羅大佑／ 1991 年

　　於上世紀九十年代，「歌仔」都有唱「皇后大道」，歌曲以「人民」以及「英女王硬幣」，描寫出香港回歸前的景況，從而道出了當時香港人對前途的擔憂等。皇后大道印證著香港的百年發展史，了解香港故事當然要了解皇后大道。

　　香港開埠初期，是一個重要貿易轉口港，港英政府決定於北岸鋪設一條臨海大道作為主要幹道，以方便沿海配套如碼頭、倉庫和船埠的連接。於是，在開埠同年的 5 月便積極開始進行道路規劃。但因為北岸周圍都是山，所以便要開山闢石，把近海的地段移平，再將砂石推入海中做小型填海，成就了香港最早的填海工程。到了 1842 年，首任港督砵甸乍正式宣布香港成

161

為「無税港口」，繼而吸引了大量外資商人到來香港，從此香港便急速發展起來，而且「無税港口」政策更一直實施至今。

作為香港開埠以來首條正規道路，首任港督付予此路至高無上的名字，以示尊重，並以當時的大英帝國君主英女王之名來命名，取名 Queen's Road「皇后大道」。在皇后大道建成的初期，全長只有 6.4 公里，位於西營盤至中環一帶，後來更向東西兩邊伸延，並把德輔道中分岔至跑馬地黃泥涌道定為「皇后大道東」，德輔道中至水坑口街定為「皇后大道中」，水坑口街至卑路乍街則定為「皇后大道西」，即是以東、中、西三段組成整條皇后大道，而且當時整個城市都是圍繞著皇后大道來活動及發展。自皇后大道建成以來，中和西段都是繁華密集的主要商圈區，至於東段，即近灣仔一帶則比較冷清。

仿佛觸手可及的東方之珠
維多利亞港 Victoria Harbour

· 命名年份：1861 年

「回望過去，滄桑百年
有過幾多，悽風苦雨天
東方之珠，誰也讚羨
猶似加上美麗璀璨的冠冕 」
——《東方之珠》羅大佑／1986 年

　　閒晃在尖沙咀海旁，看著那漆黑中伸手仿佛能觸碰到的對岸，一座座高聳的玻璃大樓，由內部散發出血汗的光芒，從對岸看來是如此的璀璨必然。大樓內的人，一個一個像忘了時間的機器，默默的低頭忙碌著，才能營造出那五光十色的億萬夜景。無論由任何一個香港人來看，都是如此美麗且令人感嘆，因為這些美麗是用我們的靈魂和肉體換來。

　　維港兩岸的距離從 1841 年開埠前約 2.46 公里，拉近到現在的 0.93 公里。我們都非常珍惜這裡的一切美好，縱使由原來渡海泳都需要 37 分鐘才能完成，縮減到現在只花費 14 分鐘就到達 [1]。香港人最珍惜的仍是維多利亞港，它是我們一直想要堅守的天然遺產，我們要的共融不是越加親近，而是各自保有自己的空間，把這片瑰寶一代一代承傳下去。別在某天當我們站在邊緣，能互望甚至手牽手時才來覺醒。對！維多利亞港很美、很美沒錯，但美麗能否直到永遠，讓後世都能擁有她的美好，靠的就只有我們現在的努力。

　　維多利亞港這個名字，於十九世紀的 1861 年 4 月，即大英帝國與當時的清政府簽訂《北京條約 [2]》後，便將九龍半島正式

1　維港兩岸的距離：參考已結業的果籽，【果籽填海專題】https://www.facebook.com/watch/?v=909554482463108

割讓給大英帝國。港英政府以當時在位的維多利亞女王名字，來為這片位於香港島與九龍半島之間的海港命名。在此以前，這片海港曾名為「尖沙咀洋面」或「中門」。在香港開埠前，維

港比現在廣闊得多，因為當時的維港兩岸仍然是天然的海岸線，受九龍半島和香港島的群山所包圍，形成港口四面環山的地形，強風因而為山勢所阻，吹不進港，加上香港氣候溫和，終年不結冰，所以一直以來，維港上都設有多個天然及人工的港口與避風塘。不過隨著城市不斷的發展，污水不斷排入海港裡，加上維港兩岸無止境的填海⋯⋯再填海，導致海港受到極大的污染，以及水位不斷上升，港口竟變得大浪和湍急，更影響到海港範圍嚴重向內收窄成如今的模樣。

自開埠後，由於香港的平地實在太少，港英政府因此多次集中在維港進行填海工程。一開始是在中、上環一帶填海，然

2 「北京條約」：於1860年由當時大清皇帝與「大英帝國」、「法蘭西第二帝國」及「俄羅斯帝國」等簽訂，其中有關香港的部分即「中英北京條約」，內容大致是將當時的廣東新安縣（即現今香港界限街以南）的南九龍部分割讓給「大不列顛及愛爾蘭聯合王國」（即大英帝國）。條約原件，則分別由「大英帝國」及「中華民國」保存，而「中華民國」部分亦是保存於台北外雙溪國立故宮博物院內。

後慢慢擴展到港島西，最後整個香港島區、九龍區，甚至新界區都有不少填海工程出現。在開埠時，香港因為具地理環境優勢，所以英國皇家海軍便在中環設立海軍基地，並命名為「添馬艦」，讓它成為亞洲其中一個重要的港口，以及自由補給港，更是東南亞與遠東航道的中心點。於二十世紀初至七〇年代，香港的造船業曾經非常發達，甚至擁有亞洲兩個最大規模的船塢，分別是由太古洋行創辦的「太古船塢」，以及紅磡的「黃埔船塢」，當時香港的造船技術和出產船隻的排水量，皆與日本齊名。直到七〇年代後，香港的航運業便逐漸衰退，兩大船塢便於七〇、八〇年代陸續拆卸。

北區
NORTH DISTRICT

大埔
TAI PO

荃灣
TSUEN WAN

沙田
SHATIN

西貢
SAI KUNG

葵青
KWAI CHING

深水埗
SHAM SHUI PO

黃大仙
WONG TAI SIN

九龍城
KOWLOON CITY

觀塘
KWUN TONG

油尖旺
YAU TSIM MONG

中西
CENTRAL

灣仔
WAN CHAI

東區
EAST

南區
SOUTH DISTRICT

北

1841年以來的填海區

未來的填海區

行政區分界

香港百年填海工程地圖

中環街市有「皇后」

域多利皇后街 Queen of Victoria Street

· 落成年份：1887 年
· 地址：香港島中環域多利皇后街

　　位於中環中心地帶就能找到，擁有八十多年歷史的第三代中環街市，幾經波折後終於在 2021 年活化重開。現在的中環街市四周都被道路包圍，但原來追溯回第一代中環街市，她的四周卻是由住宅和辦公大樓所包圍。十九世紀的 1882 年，港英政府決定在街市兩旁開闢兩條街道通往海旁，便把原來在街市周圍的樓宇都給拆卸，最後才形成現在的街道規劃。

中環街市

兩條新街道落成的時間，剛巧是 1887 年維多利亞女王登基五十年，碰上慶典的時刻，於是港英政府便把中環街市左邊的新街道名為 Queen Victoria Street，右邊的新街道則名為 Jubilee Street[1]；兩條街的英文名字合拼起來就是 Queen Victoria's Jubilee「維多利亞女王禧年慶典」。左邊 Queen Victoria Street 原本正確的中文譯名是「域多利亞女王街」，但最後卻被誤譯為「域多利皇后街」，就像前文提及的「皇后大道」名字遭到錯誤翻譯的原因完全一樣，並一直沿用至今。

這兩條新街道工程完結後，中西區對出的海旁便開展起大型的填海工程，於是兩條新街道最後更延伸、填海而得來「干諾道中」。到了 1890 年，夾在兩條街道中央的中環街市亦開始重建，並於 1895 年終於變身成為以花崗石紅磚建成的「第二代中環街市」。其後於 1941 年香港遭日軍佔領，進入淪陷時期，域多利皇后街曾一度被改名為「憲兵消防街」及「域多利街」。

1　Jubilee Street：中文街名為「租庇利街」，英文 Jubilee 直譯中文的意思就是「禧年慶典」。

埋藏著過去的時間囊

域多利道 Victoria Road

· 落成年份：1897 年
· 地址：香港島域多利道

　　域多利道屬於香港最早期興建的道路之一，至今仍然是香港島上其中一條主要道路。一般人對域多利道的印象，除了是古蹟摩星嶺炮台外，就是「通往墳場的路」，因為這是前往薄扶林墳場和東華義莊必經之路。但，其實最早的域多利道原名及其興建都別具喜慶性，因為在道路興建時，正值英女王維多利亞登基六十周年慶典，當時的第十一任港督威廉・羅便臣便於道路的西端盡頭（即堅尼地城）上，豎立了一座奠基石以作紀念，同時更將該道路以英女王的名字命名為 Victoria Jubilee Road「域多利慶典道」，而且還在奠基石之下，埋藏了用玻璃瓶作的時

域多利醫院基石

間囊（時空膠囊），瓶內放有當年的報紙、紙幣及硬幣。

根據署理工務司漆咸（William Chatham）交定 1897 年上半年的工務報告顯示，當年港英政府按英國政府的要求，希望位於遠東的殖民地都能一同為維多利亞女王登基六十周年慶祝，於是便安排了各個主要建築物，包括鐘樓、皇后像廣場、總督府、中央街市、皇仁書院、尖沙咀警署，於當年 6 月 22 日一同亮燈。當時整個亮燈儀式用上了共 9 千個燈籠、4 千個玻璃燈，以及 1325 個電燈泡，並於翌日，在域多利醫院和域多利道放置奠基石作紀念。另外，港英政府更首次派出香港華人軍警部隊，遠赴英國於倫敦街道參與巡遊慶祝活動。

到了 1903 年，港英政府於規劃維多利亞城範圍時，就在域多利慶典道的堅尼地城開端豎立了一座維多利亞城界碑。數年後，即 1910 道路擴展工程時，便把域多利慶典道的名稱簡化，成為現在的 Victoria Road「域多利道」。到了 1977 年，為慶祝及紀念英女王伊利莎伯二世登基二十五周年，在署理港督羅弼時爵士主持儀式下，政府把當年的奠基石遷移到域多利道與摩星嶺道交界處，並在奠基石下重新埋下新的時間囊，裡面除了還放著當年的報紙、街道圖、1897 年的時間囊照片外，更有一份女王陛下口喻的副本在其中。

請回憶起，原來就在這裡
皇后像廣場 Statue Square

· 落成年份：1896 年
· 地址：香港香港島中環德輔道中和遮打道

　　位於中環核心地帶，滙豐總行對出的一個百年廣場，由多個重要地標包圍著，包括滙豐銀行總行、中銀大廈、終審法院、太子大廈、香港文華東方酒店、和平紀念碑及香港大會堂等。皇后像廣場原名為「中央廣場」（又稱：皇家廣場），這片土地原本是海洋，在十九世紀的 1880 年代填海後，成為陸地並發展起來。

　　在 1887 年，港英政府計劃鑄造一座英女王的銅像，來慶祝維多利亞女王登基六十周年，後來九倉和置地創辦人吉席 · 保羅 · 遮打爵士（Sir Catchick Paul Chater）便建議，興建一個紀念廣場來擺放英女王和王室成員的銅像。當時的港英政府接受了建議，並與滙豐銀行合作興建這個充滿著英國王家象徵意義的公共空間，由滙豐銀行承擔起興建中央廣場的費用，同時與港英政府簽訂了一份長達 999 年的官地租契。同年 5 月中央廣場正式揭幕，港英政府把剛鑄造好，重達 3 噸的女王銅像，擺放於中央廣場核心位置的拱頂亭座之內，與皇后像停泊處（即第

一代皇后碼頭）形成中軸線。翌年，港英政府才正式把中央廣
場改名為現在的「皇后像廣場」，當時廣場的南部為一大片草
地，中央以獲多利街（Wardley Street，即現在的銀行街／Bank
Street）貫通德輔道中、遮打道和干諾道中。到了 1901 年，港英
政府同意在廣場兩旁不會再興建任何建築物，並保留皇后像廣
場作為永久的戶外公共場地。

當年皇后像廣場

　　到了 1909 年港督盧吉爵士，就曾於雅麗珊王后和瑪麗王后銅像的揭幕典禮上讚嘆，「廣場的銅像是其他殖民地不可能媲美的」。其後數十年間，廣場陸續擺放了由有心人和公眾捐贈的王室成員及重要人物的銅像；在高峰期，廣場內就曾聚集多達九座銅像。雖然百年後的今天，只剩一個昃臣爵士銅像，女王銅像早已不在此處，而且廣場還變成了外傭姐姐們休假時逼爆人群的聚會熱點，但其實廣場百多年來，始終見證著香港的歷史，和經濟金融中心的傳奇變遷。

A 維多利亞女王像
（1896年）
由港英政府擺放

B 昃臣爵士像
匯豐銀行總經理
（1906年）
由香港上海匯豐銀行捐立

C 喬治五世
英王
（1907年）
由貝爾・艾爾芬捐立

D 瑪麗王后
英王喬治五世妻子
（1909年）
由麼地爵士捐立

E 愛德華七世
英王
（1907年）
由遮打爵士捐立

F 梅含理爵士
香港第十五任港督
（1923年）
由港英政府擺放

G 雅麗珊王后
英王愛德華七世妻子
（1909年）
由公眾捐立

H 匯豐銀行
紀念第一次世界大戰
犧牲職員像
（1923年）
由香港上海匯豐銀行捐立

I 干諾公爵像
維多利亞女王第三子
（1902年）
由遮打爵士捐立

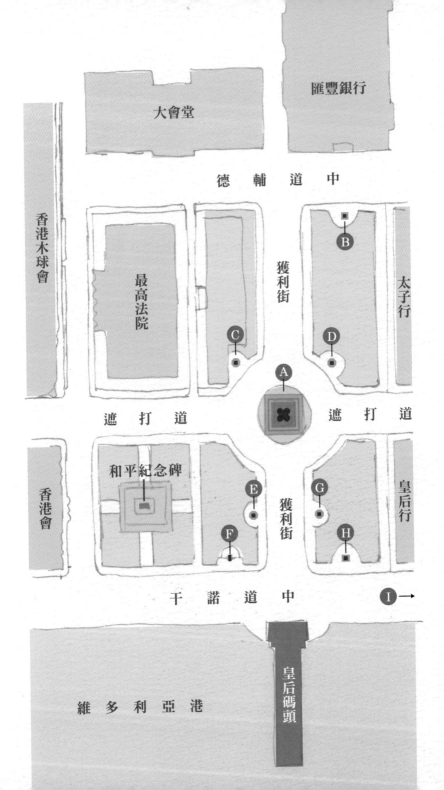

PLUS 1

請記憶起，就是這樣到達這裡

The statue of Queen Victoria in Victoria Park

· 地址：香港香港島灣仔區銅鑼灣興發街 1 號

這座港英政府於 1896 年鑄造重達 3 噸，造價接近一萬元的維多利亞女王銅像，是由一位義大利裔的雕塑家馬里奧 · 拉基製作而成。原本是矗立在中環的皇后像廣場內，但為什麼現在卻在銅鑼灣的維多利亞公園內出現？

這事源於第二次世界大戰期間，香港曾經淪陷並進入日佔時期，到了 1941 年日軍便進佔了皇后像廣場，並把廣場改名為「大正公園」。由於當時戰爭導致金屬供應非常短缺，日軍便把廣場內的所有銅像都給運到日本，打算全數熔掉來作為製造武器的原料。另外，原來用來擺放女王像的拱頂亭座則被刻上了「佔領香港告諭」的石碑所封，並宣布香港已經由日本佔領。

二戰後，日本宣布投降，拱頂亭座因被催毀而拆卸，港英政府透過駐日盟軍總部，最終尋回四座銅像並進行修復，其中便包含了維多利亞女王銅像。另外還有英王愛德華七世伉儷兩

銅像，獲安排運返英國，以及滙豐總經理昃臣爵士像銅像，其後被重置回皇后像廣場內。

到了 1955 年，維多利亞女王銅像終於回到香港，但原來擺放女王像的拱頂亭座已遭拆卸，而且街道亦改建並變成停車場等，所以女王像已不適合原地重置。最後，女王像被移放到當時剛建成，由大型填海而得來的公園。隨後公園於 1957 年正式啟用，並以園內擺放的維多利亞女王銅像來命名這個公園，構成現在的「維多利亞公園」。

PLUS 2
隱藏在動植物公園內的英王銅像

· 地址：香港香港島中環雅賓利道

香港動植物公園

在香港現存的英國王室銅像，除了有位於維多利亞公園內的維多利亞女王銅像外，其實還有一座英國君王的銅像，仍然屹立在香港動植物公園內，那就是英王佐治六世（George VI），亦即已故英女王伊利沙伯二世的父親。他的銅像由英國著名雕塑家 Gilbert Ledward 所鑄造，並於 1958 年豎立於香港動植物公園，以紀念香港開埠一百周年。至於銅像現時的位置，原來是擺放著香港第七任總督堅尼地爵士（1872～1877 年在任）的銅像。由於堅尼地爵士在任期間政績卓越，公園特設銅像向其致敬，惟該像於香港日佔時期和其他屹立於皇后像廣場內的銅像遭遇一樣，遭運往日本還被熔掉了。

英國王室的御用碼頭
皇后碼頭 Queen's Pier

· 落成年份：1925 年
· 地址：香港島中環愛丁堡廣場附近

　　皇后碼頭於 1925 年興建，是由木製的「皇后像停泊場」（Queen's Statue Wharf）改建而成，因為停泊處就在皇后像廣場旁邊，所以就命名為皇后像停泊處。到了 1921 年，港英政府決定斥資二十萬港幣將停泊處重建，工程進行三年後，香港立法局通過把皇后像停泊場改名為「皇后碼頭」，於是碼頭就在 1925 年正式落成，並改用鋼鐵上蓋構成，配以混凝土樁柱，碼頭更會時時刻刻掛著英國國旗。

　　碼頭建成的初期只是英國王室和港督專用來往返香港的碼頭，並且會在碼頭上同時舉辦歡迎或送別儀式，所以一般不會對外開放使用。而且皇后碼頭亦有著一個港英時期的傳統儀式，那就是歷屆每一任港督，都會在皇后碼頭登陸並就職。皇后碼頭的首位使用者，就是於 1925 年第十六任港督司徒拔爵士，在任期結束離港時使用，其後第十七任港督金文泰爵士亦於同年就任，並在皇后碼頭舉行了就任儀式。皇后碼頭經常會被港英

政府用來作為活動儀式的舉辦場地，例如在 1928 年就曾舉行了大型的慶祝巡遊，為英國國王喬治五世祝壽，其後亦曾舉行過英女王的祝壽活動等。

　　時間來到 1953 年，為了配合中環填海工程，皇后碼頭被移到現在愛丁堡廣場的附近，並且正式開放給公眾使用，後其被稱為「第二代皇后碼頭」。直到 1975 年，英女王伊利沙伯二世訪港，由於當時乘坐飛機已經普及化，所以女王不用再從英國乘船到皇后碼頭到港。不過英女王依舊遵從傳統習俗，她選擇先搭乘飛機從啟德機場到港，然後再搭乘香港總督專用遊艇「慕蓮夫人號」渡過維港，再抵達皇后碼頭上岸，才正式開始訪港行程。

　　皇后碼頭和香港人一同經歷了第二次世界大戰和填海搬遷，絕對是香港人的集體回憶。香港回歸十年後，到了 2006 年，特區政府決定把原來的第二代皇后碼頭和天星碼頭一同拆卸，新的中環碼頭正式啟用。在皇后碼頭清拆期限之前，有多個民間團體請願，請求特區政府修復愛丁堡廣場碼頭，並且爭取保留皇后碼頭，就連人稱「民間特首」備受全香港人敬重的超級影星周潤發，都曾到達皇后碼頭簽名支持保留碼頭。

　　當時的發展局局長林鄭月娥曾許下承諾「碼頭只是暫時清拆，待填海完工後再重置碼頭」，以圖說服佔領碼頭的市民離開，但重置方案到現在仍然是遙遙無期。最終皇后碼頭於 2007 年遭拆卸，而被拆下來的皇后碼頭組件，就這樣落幕，並流放在大嶼山狗虱灣的政府爆炸品倉庫中，長年不見天日。

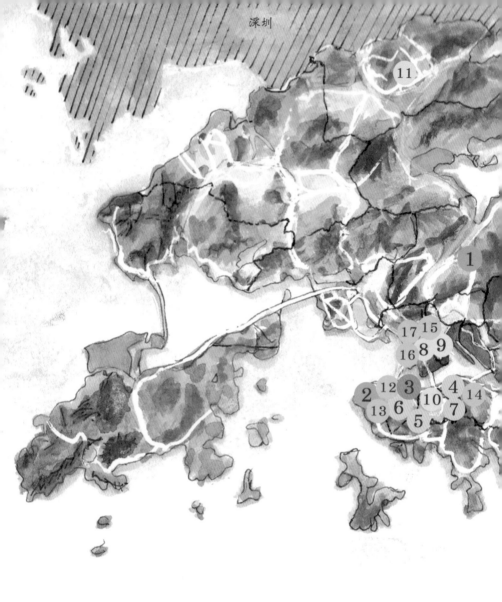

深圳

特別篇　以英國王室命名的建築分布圖

以菲臘親王命名

菲臘親王牙科醫院
The Prince Philip Dental Hospital
（建於1981年）

2

愛丁堡廣場
Edinburgh Place
（建於二戰後）

以查理斯三世命名

3

威爾斯親王醫院[1]
Prince of Wales Hospital
（建於1982年）

[1]「威爾斯親王」此名是英國王儲專用的封號。而威爾斯親王醫院建成時，是以時任的威爾斯親王，即現在的查理斯三世/Charles III（現任英王）命名並親自揭幕，另現任的威爾斯親王則是威廉王子Prince William。

以英女王維多利亞命名

4

維多利亞公園 Victoria Park
（建於1955年）

5

維多利亞山[2] Victoria Peak
（開埠初期命名）

[2] 如今太平山，原名是維多利亞山，為開埠初期使用的名字，後來中文名字改為太平山，並保留英文名字Victoria Peak。圖中為是「柯士甸山遊樂場」（Mt Austin Road Playground），曾是前港督位於太平山山頂的後花園。

6

域多利監獄 Victoria Prison
（建於1841年，現為大館建築
物群的一部分）

7

皇仁書院 Queen's College
（創校於1862年）

以英女王伊利沙伯二世命名

8

伊利沙伯中學
Queen Elizabeth School
（創校於1954年）

9

伊利沙伯醫院
Queen Elizabeth Hospital
（建於1963年）

10

伊利沙伯體育館
Queen Elizabeth Stadium
（建於1980年）

11

皇后山軍營 Queen's Hill Camp
（建於1960年代）

以英王佐治五世命名

12 香港佐治五世紀念公園
King George V Memorial Park
（建於1936年）

13 英皇書院 King's College
（創校於1857年）

14 英皇道 King's Road
（建於1935年）

15 英皇佐治五世學校
King George V School
（創校於1946年）

16 九龍佐治五世紀念公園
King George V Memorial Park,
Kowloon
（建於1940年）

17 京士柏 King's Park
（十九世紀後期命名）

英女王伊利沙伯二世
Queen Elizabeth II
1926 ~ 2022

菲臘親王
HRH Prince Philip, The Duke of Edinburgh
1921 ~ 2021

童年時，就如此經過——

八〇後的童年世界

「深心中，只想起那故舊，那稚氣種種，今天改變得多！
匆匆的當天，太快已消逝，童年時，就如此飄過！」

——《童年》蔡國權 / 1982 年

每個人的童年都有著不同的回憶，大家可能有過幸福無憂的童年，又可能有著令你刻骨銘心的難過陰影，但無論發生什麼事情，日子總會匆匆過去。在我們的成長中，應該要學習從不同的事情和經歷，學懂一些做人處事的道理。在成長的過程中，不同的生活，不同的體驗，造就出每一個城市，每一個年代，每一個不同的你。

在 1980 年代出生的香港人，經常被外界評為出生於最幸福年代，但又是活得最感矛盾的一群。因為我們生於光輝歲月的香港裡，處處機遇的年代，更因為我們踏實走過非常多的社會變遷。我們接受過港英管

治下的英式教育制度，見證過家人憑努力就能讓大家「至少」有公屋住兼三餐溫飽，還經歷過回歸祖國的世紀大事，進而面對過教育制度的大幅改變，再到近年社會的亂象，以及世紀疫症的洗禮。

八○年代出生的我們到現在，或許已成家立室、養育子女，又或許已離開家園在另一個城市努力適應其中，其實打從我們心底裡的認知，或多或少都有著各種各樣的矛盾，可能是對身分的矛盾，對過去認知的矛盾，對未來日子的矛盾。不過，無可否認就是因為這些矛盾，令大家覺得「原來我們曾經擁有過的童年，是如此的自由自在、幸福快樂、無憂又無慮……」當時我們並沒有誇張、繁忙的作業，亦沒有課餘後的長時間補習補課，更沒有了那課餘後必須的多種技能訓練，擁有的反而是更多的家人相處，更多的朋友交往，更多的成長玩樂空間。到底 1980 至 1990 年代出生的香港人，在童年時沉迷過什麼？喜歡過什麼？經歷過什麼？一起輕鬆回顧一下那些年的純真童年夢！

大家還記得嗎？這個於 1980 年代出現的洗腦廣告歌「維他朱古力奶」；廣告一出便成為當時香港小孩最愛喝的飲料，歌曲更是小孩們琅琅上口的旋律。

我們都是這樣長大的

「氹氹轉 菊花園，炒米餅 糯米糰，
阿媽叫我睇龍船，我唔睇～睇雞仔！」
——《氹氹轉，菊花園》1970-1980 年代童謠

　　小時候的玩意你們還記得嗎？無論你生於香港或台灣等亞洲城市，自 2021 年看過大熱韓劇《魷魚遊戲》後，大家應該都發覺，原來同一款兒時遊戲，竟然在世界各地都流行過，只是換了個名字而已。即是說，在這個世界大同的地球上，我們多多少少都會有相似的經歷。

　　想當年即 1980 年代，電腦還沒有普及，手機亦沒有隨身，大家的日常玩意多是一些比較簡單的塑膠製或紙製玩具，以及一些不用花錢的玩意。人們沒有整天埋頭在平板電腦的習慣，亦沒有能與各國連線溝通的線上遊戲，玩得簡單但更能讓孩子過得單純快樂，令孩子更懂得如何與別人面對面相處和溝通。那些年的孩子，一張紙上寫幾個字就可以玩上一整天，幾條橡皮筋編織起來就可以跟朋友一起玩樂，甚至是道具都不用只需幾句說話，就可以跟朋友玩鬧一番。

當時的孩子像「不愛家」般，就算天時再熱，每天都會吵著要到公園玩耍，或是到公用走廊上與鄰居的小孩玩樂，如果家長發現孩子還沒做好功課時，便嚷著出去玩的話，孩子會瞬間感覺到一陣寒意傳來，然後聽到拳頭硬起來的聲音，在你還沒有心理準備的情況下，那一巴掌就已經降落在你的後腦筋。

　　「呀——好痛！」

媽：「你！還知道痛嗎？做完功課未？還想去哪玩！是否不打不醒目點？」

以上對話，無遺地呈現出「親」的可貴。反觀現在的孩子則每天吵著要玩平板電腦，留在家中吹著空調玩遊戲，一步都不想離開家門，讓家長深明孩子有多麼的「愛家」。但那邊廂家長同樣是拳頭硬了，想打他來教訓一下又不能打，然後孩子還會天真的問「媽，可不可以給我拿汽水和薯片呢？還有空調再開大一點啊！」這時候，不能打只能罵，完美地呈現出「愛」的可貴。這就是現代人常說的「打是親，罵是愛」的場面吧！

那些年，我們沒有電腦、沒有手機，更沒有平板電腦，每天同樣過得快樂無窮，我們重視的是與朋友和家人在一起，擁有那種心靈上的交流時間，而不是物質的擁有。如今，我們需要反思的是對下一代的教育方式，以及整理那無窮無盡追求物質的心態。有時，簡單就是美好，如果在本質加上太多不必要的調味，反而會令回味變得淡而無味。

為什麼我們的童年回憶總是美好？就是因為它既簡單又單純，想要把那真摯的單純快樂傳承下去，那就先懷緬一下 1980 至 1990 年代的「老土」童年回憶吧！

小孩聚在一起就要玩的玩意

八〇年代流行的「零成本」懷舊遊戲

有一些傳統遊戲，最適合人多時進行，加上有足夠空曠地方的話，就能速成一場又一場零成本的刺激遊戲。無論是大人小朋友，都適合玩這些能團結一心的玩意，不用買任何工具，便能直接進行。這些都是不受時代和社會變遷所影響的單純小玩意，更是能把久違的笑容重拾在面上的經典遊戲。

麻鷹捉雞仔

· 適合 6 人或以上

　　這是一套超經典的兒童遊戲，在全球多個國家都有流傳，而且擁有不同的名字。在台灣和中國大陸會稱「老鷹捉小雞」，在韓國稱為「尾巴捕捉遊戲」，在日本稱為「比比丘女」，印度稱為「狐狸與母雞」，泰國稱為「老虎襲擊小雞」，越南稱為「龍蛇」，歐洲等地稱為「狐狸與母雞」和「狼與羊」等，瑞士就稱為「蒼鷹和雌雞」，德國稱為「禿鷹遊戲」，美國則稱為「鳶威利」等，非洲就稱為「鼠的足跡」……如此可見我們這群「地球」人都是玩同一款遊戲長大的。

　　在香港，應該所有大小朋友都曾經玩過，這是一種多人遊戲，進行時需要很大的空間，通常都會在空地、公園或者球場內進行，亦是大人喜歡跟小朋友一起玩的活動，不過因為這個遊戲講求玩家的靈敏度和合作性，而且運動量高，對於一些不擅長運動的小朋友來說，很容易在這個活動過程中跌倒受傷，筆者就是其中一個；雖然過程真的很刺激好玩，但真的跌得很痛，還可能會被抓傷。從這個遊戲中我們能悟出一個道理，就是母雞雖然不夠老鷹強大，但是會傾盡所有去保護自己的兒女，當我們在危難的關頭，應該奮力一試，絕不能坐以待斃。

港式玩法

　　首先以猜拳方式決定一個人當麻雀，一個人當母雞，其他人當雞仔跟在母雞身後，一個一個手搭膊頭不能分開走散，然

後便可以開始遊戲。麻鷹要在母雞的面前，母雞需要將開雙臂擋著麻鷹，讓麻鷹不能越過自己捉小雞。在過程中麻鷹不能推撞母雞，如果麻鷹捉到小雞，或者小雞群在走避時散開，那麻鷹便會獲勝，然後被捉到的小雞便會成為麻鷹，原本的麻鷹會做回小雞，遊戲再重新開始。

123 紅綠燈

· 適合 3 人或以上

「무궁화꽃이피었습니다」（韓語翻譯的意思是：無窮花的花朵已經開了！），然後巨型娃娃便轉頭過來，把沒有停下來的人射殺。

——韓劇《魷魚遊戲》劇情

1、2、3紅綠燈……

這個令全球難以忘懷，又似曾相識的遊戲，韓國稱為「無窮花開了」，在香港則稱為「123 紅綠燈」，而口令方面香港有兩句「123 紅綠燈，過馬路要小心！」。當然這個遊戲在世界各地同樣都有流傳，在台灣及新加坡就是稱為「123 木頭人」，中國大陸稱為「一、二、三、我們都是木頭人」，日本稱為「不倒翁跌倒了」等。這個遊戲適合人多的時候玩耍，遊戲講求的除了是身體保持平衡的能力外，還要非常專注，不受他人影響，因為大家通常都會在當鬼的人不留意時，扮鬼臉惹旁人發笑，如果你的忍笑功夫未到家，稍一不留神，當鬼的人突然加速說口令並轉頭，你就會在瞬間不為意之下，停不下來而輸掉遊戲。

港式玩法

首先由一個人來當鬼，並站在牆壁前背對著其他玩家，然後其他玩家則站在遠處準備遊戲。當遊戲正式開始時，當鬼的人要面向牆壁大喊遊戲口令「123 紅綠燈，過馬路要小心」，然後其他玩家要在鬼喊口令期間，必須盡快接近鬼的背面，當鬼的人喊完口令時，便要立即轉頭望向其他玩家，如果此時發現有人未有停下來，那人就會立即輸掉要去當鬼。但如果喊完口令後，沒有人在動的話，當鬼的人便要望回牆壁，並再次喊口令，重複所有動作，直到有玩家走到鬼的身後，並碰一下鬼，那刻所有人便要立即逃跑，跑得越遠越好，而當鬼的人被碰到時，

要立即大喊「停」，其他玩家便要即時停下來，接下來當鬼的人需要在三步內，走近最接近的人並碰一下他，被碰到的人就會接任當鬼，如果不能在三步內觸碰到其他玩家，當鬼的人便輸了要繼續當鬼、重新遊戲。

狐狸先生幾多點

· 適合 3 人或以上

玩家齊問「狐狸先生幾多點？」
狐狸大喊「12 點啊！」
然後眾人立即跑回家

這同樣是廣泛流傳在香港的多人小遊戲，在中國大陸則稱為「老狼老狼幾點鐘」，玩法跟「123紅綠燈」非常類似，參與的人數越多越好玩。另外則是需要在廣闊的空間進行，是一個考驗反應、腦筋和速度的遊戲。

狐狸在亞洲社會中通常是反映著人性的狡猾，在中國亦有著不同的狐妖或狐仙傳說，而且他們的共通點都是愛迷惑別人，所以狐狸在人們的心目中都是搗蛋鬼，經常為人類帶來恐慌，亦相傳狐狸會突然出來把小孩抓走，導致人們提起狐狸都非常焦慮。至於「狐狸先生幾多點」這個遊戲，就突顯出狐狸獨特的狡猾性格，因為我們不會猜到狐狸會喊那一個數字，也不會知道他什麼時候會來抓我們，進而形成了這個有趣的小遊戲。

港式玩法

首先有一個人來當「狐狸先生」，如果是女生擔當的話就叫「狐狸小姐」，然後站在牆壁前，其他玩家就充當「村民」，站在狐狸對面的遠處，並於起點位置畫下起點線，遊戲便可以開始，首先村民要大喊「狐狸先生幾多點？」狐狸先生便要回答他所想的點數（步數），可選擇1至12點（即1至12步），而當中如果選1至11點的話，市民便要跟隨指令走相應的步數，過程中村民要不停問狐狸幾多點，狐狸要按情況說出點數，當村民到達狐狸先生身旁時，就可碰一碰牆壁，然後繼續按狐狸的點數逐步走回起點；如果所有村民都回到起點，沒被狐狸先生

找到的話，狐狸便輸了。如果在中途狐狸先生突然喊出「12點」，市民便要迅速跑回起跑點線內，以免被狐狸先生抓到，如果村民能跑回起跑線內就「免死」，而最先被狐狸先生找到的人算輸，然後便接任狐狸先生位置。如果狐狸先生在喊「12點」後找不到人，便要重新開始遊戲。所以玩這個遊戲的祕訣是，當有村民只離狐狸先生一兩步之距，狐狸就要即時喊「12點」，再將最接近的人抓到，才能勝出遊戲。

何濟公

· 適合 5 人或以上

　　「何濟公」除了是一個百年中成藥品牌外，亦是一個非常經典傳統遊戲的名字，而這個遊戲據傳就是由「何濟公藥油」衍生出來的一款追逐遊戲。當中的凍結和解穴，與搽藥油治癒病痛相似，而且台灣也有類似的遊戲稱為「自由紅綠燈」。這個遊戲的玩法是結合了猜拳和捉迷藏於一身，需要多

何⋯⋯好（辰時）

人一起在空曠的地方進行活動，是一個講求反應、速度和合作性的群體遊戲。

港式玩法

首先眾人圍圈一起喊口令「何——孖」（辰時），然後邊喊口令邊伸出一隻手，同時手背手心上下反動，口令喊完後手就要停定，然後按手背和手心的數目比例，佔多數的就可以退出，剩餘的人便繼續猜，直到最後一位就是當「鬼」的人。當鬼的人選定後，就開始抓人遊戲，抓人者要先數十聲，才可以開始捉人，其他玩家為了避免被鬼抓到，需要到處跑以躲避，當鬼接近你時，但又逃不掉的時候，你就要立即把雙手交叉放在胸前並大喊「何」，然後鬼就不能再抓你，而你亦被點穴凍結在原地，直到有同伴過來觸碰你並大喊「解」，你才可以解穴繼續活動，但是每人只有三次解穴的機會，如果所有人都無法再解穴，或者有其中一人被鬼抓到，遊戲便結束鬼便勝利。

PLUS
情尋磨鉸叉燒包，老鼠唔食豆沙包

包剪揼

　　當年的兒童在玩「包剪揼」時，會邊喊出一段口令邊出拳，當時的口令就是「情尋磨鉸叉燒包，老鼠唔食豆沙包」。因為早當年肉類比較貴，要買到肉類亦不易，窮人不能每一餐都吃肉，所以當時叉燒包比豆沙包貴很多。聰明如老鼠，在有選擇的情況下，都會選擇吃叉燒包，而不會笨得去吃豆沙包。猜「包剪揼」時說這個口令，也就是說要用智慧猜贏它。「包剪揼」在世界各地都有著不同名字，如台灣就是「剪刀石頭布」。

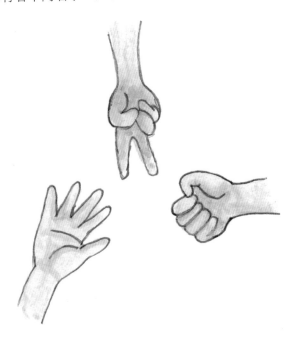

被罰留堂、見家長全都是因為它們
八〇年代流行「低成本」懷舊遊戲

在八〇、九〇年代，上課的時候沒有手機亦沒有平板電腦，如果想來點小玩意的話，我們就只能在課室內找一些物資來製作。簡單地在筆記本內撕下一頁空白的紙，再加上一支筆，便可變出有趣的小遊戲。不過，其實孩子在課堂上玩這些玩意，在意的從來不是被老師發現，而是要在沉悶的課堂中，找到一些娛樂解悶一下而已。作為老師的或許可以反思一下，自己的教育方法是否過於無趣，才令孩子覺得沉悶呢！

東南西北

· 適合 2 人以上玩

　　這款遊戲玩法很簡單，是八〇、九〇年代男學生最常在課室內偷偷玩的小遊戲，因為只需要一張正方形的紙和一支筆就可以進行。準備方法很簡單，先把紙張摺成東南西北玩盤後，再在四個方位的表面寫上「東、南、西、北」四個字，然後與玩家一同商議在內側寫上古怪的指令、稱讚，或者整蠱的說話或動作後，便可以正式開始遊戲。其中一位玩家先把玩盤套於兩隻食指和拇指上，然後另一位便發出指令指定方位和開合次數，套著玩盤的玩家需根據指令，動手指上下左右輪流開合指定的次數，完成後再看剛剛選定好的方位，最後接受指令的玩家，就需要按照相應方位上的字句執行指令。

摺法教學

① 將紙做三角形對摺，
　旋轉再對摺。

② 把紙張打開攤平。

③ 再把四個角往來中間線摺，
　成為一個小的正方形。

④ 再反過來把四個角
　往來中點摺。

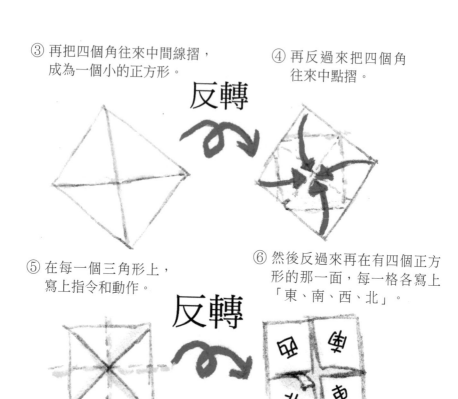

反轉

⑤ 在每一個三角形上，
　寫上指令和動作。

⑥ 然後反過來再在有四個正方
　形的那一面，每一格各寫上
　「東、南、西、北」。

反轉

⑦ 最後把它立體撐起來便可。

天下太平

· 適合 2 人玩

　　同樣是一種男孩們最愛的課室小玩意之一，玩法低調又不失刺激緊張，只需要有筆和紙便能打上一場「硬仗」。八〇、九〇年代的男孩們，經常在課堂時間偷偷玩這個遊戲，因為這個遊戲能讓你在紙上隨便亂畫一番，喜歡畫什麼作為你的大炮都可以，完全任憑發揮和想像。玩得太投入，還會在大炮發射時，自行配出發炮「嚦！嚦！嗙！」的聲音，當炮彈轟炸到對手陣營時，對手還要聽到這些配音，必定非常生氣！遊戲因為關乎到

打仗，所以男生們玩的時候都會非常緊張專心，有時在課堂上玩得太過認真了，便會忘記其實正在上課，最後還被老師發現，便當場被罰企（罰站）和留堂，你有沒有玩過呢？

玩法教學

① 先找來一張紙和兩支筆。

② 然後各自在紙的末端畫上四個方格（大大的「田」字）。

③ 然後再在四個方格上寫上「天、下、太、平」四個字，作為各自的基地。

④ 遊戲以「包剪揼」（剪刀石頭布）來進行，每次都以猜拳來決定。

⑤ 贏的人就可以先在基地上方畫第一支旗，直到畫上三支旗；

⑥ 三支旗完成後，每猜拳贏一次便可以畫一層保護網，直到畫上三層保護網。

⑦ 三層保護網完成後，每猜拳贏一次就可以畫一台大炮，然後戰爭便正式開始。

⑧ 其後每猜拳贏一次就可以發炮一次，或重複建起保護網或大炮。

⑨ 把對方的保護網逐一擊破後；

⑩ 再把對方基地的三支旗都擊破，戰爭便完結。

每個家庭必備的玩具

八〇年代合家歡懷舊玩具

　　以前作為父母的人，都不太會亂花費金錢。因為當年的人都知道錢得來不易的道理，所以在選購玩具上，很多時候的首要考慮便是能「全家人一起玩」，另外價錢又要實惠，還要可以訓練腦筋是最好不過。於是當時的家長們都非常喜歡選購能在家中和孩子玩的玩具，如波子棋、挑竹籤等，這些既能培養孩子的耐性和專注力，又能啟發腦袋的思考，所有條件加起來，就是為什麼每個家庭都有這些玩具的原因之一。

挑竹籤

· 適合 2 人或以上玩

　　挑竹籤又稱為五色竹籤、米卡多遊戲棒、挑棍、挑棒等，除了是一項考驗技術和手部穩定性的遊戲外，還可以訓練專注力、手指肌力、手眼協調，計分制則可訓練數學運算力，是一項比較適合小學生或以上的孩子

玩樂。玩這個遊戲很簡單，只需要在玩具店或文具店購買一盒
五色竹籤便可以進行。

波子棋

· 適合 2 至 6 人玩

波子棋是一種能啟發智力的遊戲，
又稱「中國跳棋」，雖然名稱有「中
國」，但卻與中國完全沒有關係。因
為其前身是 1883 年由美國發明的「正
方跳棋」，後來經變種進化後成六角
星形狀的棋盤，在德國取得了專利，並命名
為 Hop Ching Checker Game。到了二十世紀初期，
波子棋再被改名為 Chinese Checkers，而取此名純粹是為了從營
銷角度上增加神祕感，才取名為「中國跳棋」。至於香港之所
以把「中國跳棋」稱為「波子棋」，就是因為棋子用上當時非
常流行的玻璃彈珠組成，而「玻璃彈珠」在香港稱為「波子」，
所以波子棋便這樣得名了。

鬥獸棋

· 適合 2 人玩

鬥獸棋是八〇年代的孩子經常會玩的一種棋子，是中國的
一種古老且傳統的棋子遊戲。棋子內包含了八種動物，包括了

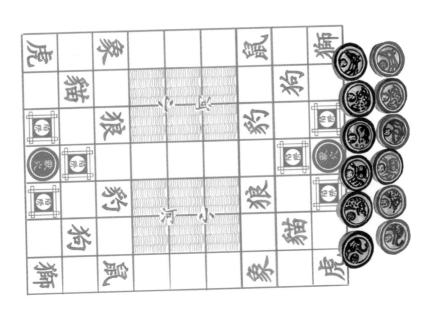

象、獅、虎、豹、狼、犬、貓和鼠，而且每種動物在棋盤上都各自互相牽制及戰鬥，是一種充滿策略性的棋子遊戲，特別是男孩們更喜歡玩鬥獸棋。

飛行棋

· 適合 2 至 4 人玩

　　飛行棋是屬於「十字戲類遊戲」，是由四組顏色的棋子組成的遊戲，最多可以四個人各持一種顏色一起玩，據說是第二次世界大戰後發明出來的棋子遊戲，

是中國大陸參考英國十字戲演化出來的棋子遊戲，而英國的十字戲則再早從印度十字戲演化出來。飛行棋以飛機飛航為主題，其遊戲由飛機於機場起飛，至飛抵目的地為止，所以才稱為「飛行棋」。飛行棋中轉圈方式的航程設計，是當時的棋子設計師參考了非常先進的空戰戰術而得來，而這個戰術則來自法國人拉弗伯雷；他從德國的戰機隊列「大圓圈編隊」戰術中做出改良，讓編隊裡的飛機可以保持在一個水平面上飛行，而且可以圍繞圓圈盤旋爬高，這樣就可以令防禦機隊取得高度優勢，伺機進行攻擊。這個空戰戰術就稱為「拉弗伯雷圓圈」，後來有人把這個戰術發展成桌面棋子遊戲，那就是「飛行棋」了。

康樂棋

· 適合 2 至 4 人玩

　　康樂棋是八〇、九〇年代流行一時的擲賽遊戲，以前每一個家庭都會有一套。這款棋子不同於木桌上的康樂棋，筆者要介紹的是紙盤上玩的康樂棋。紙盤的康樂棋棋盤主題圍繞著遊樂場，總共有 100 格，在中途會遇到不同的遊樂設施以及活動，例如打羽毛球、滑滑梯、放紙飛機、玩魔天輪、滑雪等，進而會有不同的獎勵、懲罰和阻攔，有時會「扶搖直上」，有時又會「跌回谷底」，就像人生般無數的起起跌跌，有人歡笑就有人會流淚，縱使歷盡千辛萬苦，始終會走到終點的一刻。

小時候最吃不停的零食
八0、九0年代學校小食部必吃

　　小時候在學校裡，每逢小息就會衝到小食部（小吃部）排隊買零食，有些零食必須要一響鈴就衝下去才能買到，因為實在太受歡迎了。另外有些零食好吃是好吃，但是份量太多，在小息時間吃不完時，便要帶回班房內稍等再吃。但每次都在上課的中途，因為知道櫃內有零食，就會按耐不住慾望，想偷偷拿來吃，還天真的把書本豎立起來，頭埋在書本裡面，快速品嚐。可知從小就了解那種偷吃零食的幸福，是無法用言語來形容的。當別人認真懊惱地學習時，只有自己享受在那美味當中。但可恨的是，課室內總會有一些比較笨的同學，偷吃都要講求技巧，笨得如他們竟然在課堂中開一包新的薯片來吃，在沒有剪刀情況下，用手直接開，然後放進嘴裡吃，咔嚓咔嚓、咔嚓咔嚓……原本寂靜的課室內突然傳出吃薯片的聲音，大家頓時都尷尬了，心知不妙！老師下一步就會「全部同學現在請把櫃內的東西拿出來突擊檢查！」

罐頭果汁糖

因為一套日本經典動畫《再見螢火蟲》，令這款罐裝果汁糖在香港流行起來。回想起當年第一盒在我家中出現的罐裝果汁糖，是親戚買來的小禮物，給我和姊姊一起分享。印象中這罐糖果非常難打開，每次都需要找工具把它撬開，裡面都是七彩繽紛的糖果，而且每顆糖果都有白色的糖粉包裹著，香濃的甜味非常可口。但也因為這款是硬糖果，所以吃著吃著舌頭就會被糖果割傷。另外，筆者對這罐糖果也有可笑的經歷，想當年看了《再見螢火蟲》，劇情說，當糖果吃完之後可以把水注入罐內搖晃，然後水便會變成糖果味很好喝。印象中筆者當時立即仿效把水注入糖果罐中，等到晚上，正想實現動畫中邊喝糖果水邊看螢火蟲的畫面，然後筆者便偷偷的把糖果罐帶到被窩中，電筒在被窩一亮著，怎料從罐內出來的卻是「小強」（蟑螂）⋯⋯

不過開業已有114年專門生產罐頭果汁糖果的日本公司「佐久間製菓」，於2023年1月20日停業，故此這款載有大眾童年回憶的罐頭果汁糖亦停產了。

大發鱈魚絲

八〇年代學校小食部爆紅零食，當時一包只要港幣 2 元，但是筆者記得我小一的時候，身上只帶港幣 3 元的零花錢，所以買一包就要撐過一整天。橙藍色的包裝裡有很多白色幼幼的鱈魚絲，味道比較淡，是當時小學生最愛之一。

時興隆魷魚

同樣是八〇年代孩子最愛的零食之一，跟大發鱈魚絲不同，這款是屬於魷魚類食物，但味道鹹香惹味，每包份量小小的，同樣是當時小學生的最愛之一。

煙仔朱古力

小時候看到爸爸在抽菸，又看到電視上的 Mark 哥在抽菸，總覺得好帥啊！所以當時我們都會裝成 Mark 哥的樣子咬著菸仔⋯⋯造型的朱古力（巧克力），然後抖著腳站在媽媽面前耍帥，還要很厲害的吹一口菸。當然最後阿媽就會罵你「好學唔學！」意思是有好的不學，不好的就學好學滿，下秒爸爸就會遭殃「警告你！不要再在孩子面前抽菸！」

欣欣杯

明治的欣欣杯是日本 1979 年的產物，不過到現在仍有生產，當時亦是學校小食部的搶手零食。一個紅色的杯子內一半是手指餅乾，另一半是巧克力醬，吃的時候只要用手指餅乾沾巧克

力醬來吃便可。但我小時候很喜歡把吃剩的巧克力醬，用手指
撮來吃，撮完之後手指頭上如果還會剩下一點點巧克力，就會
不停的舔，舔到沒有味道才罷休。

四方果

四方果是一款已絕版經典零食，停產超過八年，是多年來
超級市場的熱賣零食，在香港曾經暢銷二十年。小時候跟媽媽
去超級市場，必定會嚷著要買，一盒四方形的啫喱（jelly，果
凍），擁有超多款口味，包括最經典的草莓、黑加侖子、可樂、

忌廉梳打汽水和筆者最愛的青檸味。這款四方果是一款即食的啫喱零食，是一眾不懂煮啫喱的媽媽，最常光顧的家庭零食。筆者還記得中學時期，每逢暑假就會去超級市場做兼職，每次四方果大特價時，差不多每個客人都會大手入貨，那時候還是港幣 10 元就有三盒，一買就會買九到十二盒，帶回家中的冰櫃慢慢品嚐。

嗶嗶糖

又稱「口哨糖」，同樣是小學小食部名物，更是非常古老的糖果款式，因為它於 1953 年便開發出來，並於 1970 至 1980 年代非常流行。糖果的中心有一個小孔，整顆糖果以兩個糖片組合而成，吃的時候只要對著小孔吹氣，便會發出如口哨般的聲音，所以非常受小孩歡迎，而且當時很多孩子都是吃過這款糖果後，就慢慢學會：「如果沒有錢買糖果的時候，要如何才能吹出真正口哨的聲音？」

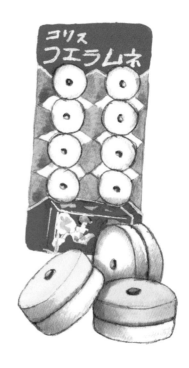

爆炸糖

糖果進入嘴裡會和口水發生作用、起泡，形成化學反應，進而發出「霹靂啪喇」的聲響，就像糖果在口腔內爆炸般，所以香港就稱這款糖果為「爆炸糖」。同時亦因為糖果在口中跳動般，所以又稱為「跳跳糖」。

丸川香口珠

包裝小小的一盒，內裡有四顆香口珠，多種口味任君選擇，包括：橙、草莓、葡萄和可樂味等。小時候最喜歡將一盒四顆的香口珠與同學一齊分享，有些男同學更會把草莓味送給女同學，因為草莓的香口珠就是女孩子最愛的粉紅色。

唇膏糖、戒指糖

想當年女孩們的最愛零食，就是巨鑽戒指和唇膏造型的糖果。那顆大大的「鑽石」有著不同的顏色，跟阿媽手上的鑽石一樣，在陽光下都是閃爍耀眼、Blink Blink 的，用來打扮裝飾一流，但……吃起來就有點麻煩，因為太大一顆了，怎麼「啜」都吃不完，有時候吃著吃著忘記了，那溶掉的糖果又會黏衣服和頭髮上，回家被阿媽看到就是一場慘劇的發生。而且這款糖亦是當年小男孩用來向心儀女同學表白的最佳禮物「送顆巨鑽戒指給你，你就是我的女朋友！」

唇膏（口紅）造型的唇膏糖除了吃，女孩們會把它當成真的唇膏，把糖果塗在嘴唇上，令唇色變得紅紅帶油油亮亮的效果，就像現在女生用的唇彩一樣。當然糖果出來的顏色會比較淡，不過女孩們塗上後會紛紛圍在一起，不停的欣賞大家的美貌「你睇我幾靚！我係咪好靚啫？」（你看我多美！我是否很美？）然後吃剩的唇膏可以套回蓋子，留待晚點吃。不過筆者小時候試過忘記了衣服的袋子裡有唇膏糖，然後直接掉進洗衣機洗了，當媽媽晾衣服的時候，發現袋中那溶掉的唇膏糖，那刻……我的悲劇又再次降臨了。

在街上嚷著要媽媽買的小吃
八〇年代孩子最愛街頭小食

1980 年代的香港亦有很多著名的街頭小食是「為食」（貪吃）的孩子們非常喜歡的，例如最著名的雞蛋仔和叮叮糖等，都是當年孩子在街上經常嚷著要買來吃的小食，如果父母不買的話，孩子便會有理無理地「扭計」（鬧別扭），不能吃就好像是世界末日般哭鬧不停。正所謂民以食為天，品嘗美食其實是需要從小就開始培養。

富豪雪糕車

《藍色多瑙河》的音樂緩緩響起⋯⋯又是小孩子要爆衝的時間！從遠處聽到音樂聲，就會飛奔到車前排隊買軟雪糕。富

軟雪糕

豪雪糕車的雪糕是代表著無數香港人的甜蜜回憶，藍車頂，紅色車頭和白色車身，是香港人的集體回憶。筆者小時候去泳池游泳，永遠都會有一台富豪雪糕車停泊在泳池門外，大熱天時游完水再吃個軟雪糕，真正是解暑的最佳方法。富豪雪糕車自1969年從美國引入並紮根香港五十年，數十年來不但成為了孩子們的回憶，更是當年不少情侶的約會相聚回憶「今日中午12

果仁甜筒

珍寶橙冰

蓮花杯

點，我們在鐘樓下的雪糕車見面吧！」雪糕車上除了有五十多年不變以美國奶粉製作的香滑軟雪糕，還有果仁甜筒、蓮花杯、珍寶橙冰，五十多年來都是專一的賣著四款令人懷念又回味的冰品。

雞蛋仔、格仔餅

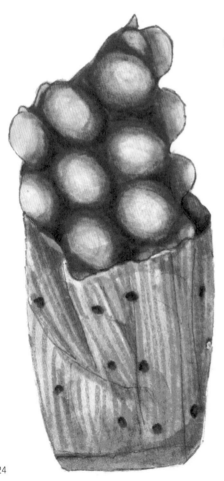

雞蛋仔絕對是香港特色名物，所有香港人甚至遊客都大愛。最好吃的雞蛋仔是以前在街頭推著車仔叫賣的街頭雞蛋仔，那脆脆的外層內裏柔軟似蛋糕，非常濃郁的蛋香味，小時候從遠處看到雞蛋仔小販車，就會拉著父母飛奔過去，就算是炎熱的夏天站在小販車旁熱烘烘的，仍然非常期待想立即吃到。以前的孩子最愛站在老闆的旁邊，看著老闆把蛋糕糊進蜂巢型的

鐵模上，塗點牛油，再把鐵模送進炭爐內烤烘，等一會再反兩反（翻幾次面），金黃色的雞蛋仔就像藝術品般會呈現在你的眼前。以前在香港街頭有很多賣雞蛋仔的小販檔，所以這食物絕對是香港人的集體回憶。時至今日，在街頭已經很難找到雞蛋仔的小販車，有時只能在一些小食店才能買得到了。

另外，最正宗美味的格仔餅，餡料不能隨便，必須包含：牛油、花生醬、煉奶和砂糖，很多店家都不會放砂糖，但這才是格仔餅美味的重點！

麥芽糖

　　麥芽糖同樣是中國一種古早糖果，又可稱為「麥芽膏」，是一種柔軟滑的膠飴，有多種的食用方法。小時候家裡都會珍藏著一瓶，媽媽有時會拿出來給我們吃，方法是拿出一支筷子，插進麥芽糖內，挑起轉幾圈，再拉出來就變成了美味的糖果。另外有些街頭小販，會用兩塊蘇打餅夾著麥芽糖來賣，這就是簡單製作且著名的「麥芽糖夾餅」街頭小吃。

成績好時會收到的禮物
八〇、九〇年代孩子勝利組的珍藏

　　踏入 1980 年代起，經過工業發展令經濟蓬勃起來，各種各樣的生產與製造技術相對先進。到了 1990 年代，人們更願意花錢在孩子的玩樂上，加上卡通動畫文化的影響下，各地廠商開始針對性地生產大熱動畫卡通仿真度高的玩具和周邊商品，令孩子的玩具變得更多元化及更細緻。另外，電子遊戲的崛起，成為了大小朋友追捧至今的產物。

　　想當年，筆者的父母只會在我們默書、測驗及考試拿到 100 分時，才會買玩具給我們作為獎勵。每次筆者都只有看著姊姊選玩具的份，因為我都拿不到 100 分（但至少都有 80 分，而且美術科我是常常拿 A ＋的），所以只能無奈的看著別人開心買新玩具。至於另一個機會能收到玩具，就已經是生日和聖誕節了。從小筆者就感受著差別待遇，但卻一直相信每個人都有著他的獨特專長。可知，不是每次考到第一名的才是好孩子，也不是只有拿 100 分的才有努力過！在此希望作為家長的，請好好鼓勵拿不到 100 分的孩子，因為他們確實是有努力啊！有盡力的人是沒有錯的，陪伴孩子尋找他們的天地，並根據他們的喜好加以教育，這樣孩子們才能建立起健康的心靈。

Barbie

　　中文又稱為「芭比娃娃」（香港通常用英文的名字），是二十世紀最暢銷的人偶玩具，亦是女孩子最愛收到的玩具禮物。每一個女生小時候的夢想就是擁有和 Barbie 一樣的美貌和身材，而且如果能擁有跟 Barbie 男友 Ken 一樣帥氣高大的男友就是完美。所以小時候有再多的 Barbie 都不會厭，因為 Barbie 可以訓練女孩子的時尚造型觸覺，可以為她添置不同的衣服、鞋襪、包包、帽子和頭髮造型等，更可以配備很多周邊的玩具，例如 Barbie 屋、房車，甚至寵物。一套完整的 Barbie，絕對能滿足女

孩子角色扮演成公主美人的慾望。但當年正版的 Barbie 其實售價很貴，所以家中如果擁有多個 Barbie 的話，就可以證明家長真的很疼這個女孩子。

四驅車

　　四驅車是二十世紀最暢銷的汽車模型玩具，有不同顏色和不同型號。四驅車的誕生是來自 1982 年的日本田宮模型，當時社長想要生產一台小孩子都能容易簡單裝嵌（組裝）的汽車模型，所以就製成了第一台四驅可動模型。在 1987 年田宮模型開始與動漫界合作，推出以四驅車為主題的動漫，甚至出產故事中

的同款四驅車模型，當中最著名的作品就是受到廣泛認知的《四驅小子》和《四驅兄弟 Let's & Go!!》，進而引發孩子們追捧四驅車文化，令每個男孩子都擁有一台四驅車，還每天帶在身邊跟朋友一起競賽，看誰的車會跑得更快更遠。四驅車由裝嵌到裝飾，都是由玩家一手一腳完成，裝嵌完又可以拿出來跟朋友一起比拚，除了能夠增加樂趣外，亦能吸引玩家一直追捧著。

多功能機關鉛筆盒

如果你覺得筆盒只是普通文具的話，那你就錯了！想當年有一款筆盒曾是每一位孩子的夢想，擁有這款筆盒的人，都會

引起同學的關注。因為拿出來是多麼的「威水」（了不起），簡直是羨煞旁人。這裡說的就是曾經風靡七〇至八〇年代學生的「多功能機關鉛筆盒」，以往大家都是用鐵製筆盒或布製拉鏈筆袋，而這款如魔術盒般能轉換並帶機關的百變筆盒，盒內還附有不同的間隔，配有鏡子、書籤和時間表等，更設有多個按鈕，按不同的按鈕就會彈出不同的暗格，裡面可能收藏著擦膠（橡皮膠），又可能是萬字夾。另外，令孩子最喜歡的按鈕，是按下去後會讓鉛筆架彈起，男孩們最愛把鉛筆架當作發射器，用來作為彈射橡皮膠鬥遠的機關，但因為售價不菲，所以更讓孩子們渴望擁有。

他媽哥池

「他媽哥池」是 1996 年由日本出產的潮流產物，由日文「たまごっち」音譯而來，在台灣稱為「塔麻可吉」。他媽哥池在出產時風靡了整個學生階層，所有學生都為之而瘋狂。

第一代的他媽哥池外形像雞蛋，加上內裡飼養的電子寵物造型有點像小雞，所以又被稱為「電子雞」，但其實它是外星生物。他媽哥池屬於電子寵物育成遊戲，其出現更引起了全球一陣養電子寵物的熱潮，流行於筆者初中時期。當時，每個同學都會偷偷帶到學校，因為這個東西基本上需要二十四小時陪伴，

得跟它玩耍、打掃，更要餵飼之類，所以必須要長時間跟身，如果沒有做好便會慢慢的死去。但是學校是不容許攜帶這種電子遊戲進教室，後來校方發現太多學生攜帶的時候，便開始經常突擊檢查學生的櫃子、書包甚至儲物櫃等。筆者記得有些女同學將他媽哥池綁在身上，後來有女老師發現之後，便開始把那些可疑的女同學帶到廁所作檢查。更誇張的是，曾經有一些同學，把他媽哥池放在防水袋內，遇到有老師來突擊檢查的時候，便會立即裝肚痛逃到洗手間，然後把她的他媽哥治藏到馬桶沖水箱內。當年的學生為了玩他媽哥池，真的用上所有的方法，而且這個熱潮還持續了很長的時間。

那些年我們的童年回憶
八 0、九 0 年代沉迷至今的電子遊戲機

「看，馬裡奧為情人，蜘蛛都去擋，為著摘星火山一個闖！
看，我兩臂這樣忙，打得天也光，但電視機不懂講晚安！」
——《任天堂流淚》古巨基 / 2003

　　隨著時代發展，科技也日益進步。從 1980 年代初期簡單的
黑白電子遊戲，到 1980 年代中旬便開始流行起彩色電子遊戲；由
小小一台手提的黑白遊戲機，進化成連接電視機的電視遊戲機；
由一盒大大的遊戲帶進化成磁碟等，到現在連接電腦和手機，世
界各地志同道合的人都能一起玩線上遊戲。電子遊戲從 1980 年
代至今，都是人們的最愛消遣品之一，無論是大人還是孩子，經

過橋抽板

常機不離手，為突破遊戲成績甚至可說不眠不休。近年「打機」
（玩遊戲）都可以成為職業，甚至組成電競專業團隊，可見電子
遊戲的發展印證了人們逐步趨向先進的高科技化時代。

GAME & WATCH

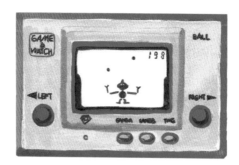

Ball

於 1980 年代出生的香港人，大部分的人都應該有玩過，這
是一台跟手機差不多大小的掌上黑白遊戲機，是日本著名遊戲
公司任天堂在 1980 年代推出的經典產品。這部遊戲機的特色是
每台機只會有一款遊戲，而且螢幕只是黑白的，機身只有二至

四個操控按鈕，所有遊
戲只有簡單的向左、向
右或四個方向移動。
Game & Watch 中最經
典的遊戲就包括了：

救火隊

Ball、過橋抽板、大金剛、薩爾達傳説、救火隊、Merry Cook、Octopus、大力水手和米老鼠等,各款遊戲主要都是講求玩家的反應和速度。小時候一拿著就會玩不停手,加上攜帶方便又輕盈,當年 Game & Watch 完全風靡了孩子和年輕一族,是當時潮流娛樂的象徵。

任天堂紅白機

此乃第一款叱吒香港家庭的家用電視遊戲機,於 1986 年進入香港,初時只有歐美的俗稱「灰機」的灰色機身版本,為香港的唯一行貨。到了 1990 年最經典俗稱「紅白機」的紅色加白

任天堂紅白機

灰機

色機身版本，才正式登陸香港。自那時起，每個男孩家裡都會有一台，而且會不眠不休在電視機前瘋狂打機，務求打到爆機（完成所有關卡）為止，然後就可以回學校在同學面前威風一下。紅白機是彩色的電視遊戲機，要以直立方式插入遊戲盒帶才能播放遊戲，當中最著名的遊戲就是「坦克大戰」和「小蜜蜂」，至於最經典且最多人喜愛的遊戲必定是——於 1985 年出品的《超級馬里奧兄弟系列》（又稱超級瑪利歐兄弟、孖寶兄弟，英文為 Super Mario）。這套遊戲角色時至今日仍然是大受歡迎，全系列的大部分遊戲，都是超級熱賣的產品。

　　自從紅白機的出現後，配備使用的遊戲卡帶，經常會出現一些小故障，例如當機或是畫面不清等等問題。想當年我們都會耍點小聰明，把遊戲卡帶反過來對著晶片位置吹一吹氣，然後又用棉花棒擦一擦，再插回遊戲機上便能順利啟動。因為我們相信遊戲卡帶放太久的話會被塵封，把塵埃吹掉的話遊戲帶便能正常運作，但這個沒有什麼科學根據的小習慣，就是從紅白機開始養成的，直到現在任何遊戲卡帶或是磁碟播放不暢順時，我們都會習慣拿出來吹一吹再試試。

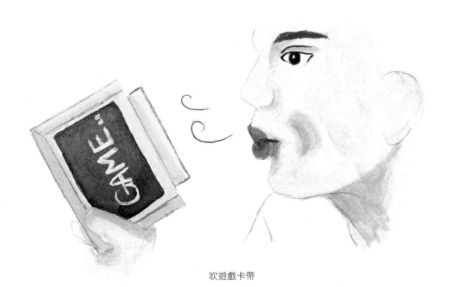

吹遊戲卡帶

GAMEBOY

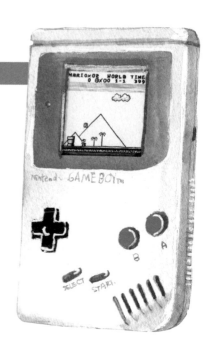

雖然 GAMEBOY 已在 2003
年停產，但卻創下了全球銷量第
二高的掌上型遊戲機的記錄。它
同樣是日本任天堂公司產物，於
1989 年推出的第一代可攜式掌上
遊戲機，當時全球玩家都為之瘋
狂，所以在 1990 年代，基本上每
位小孩都會有一台，每天機不離

經典的 GAMEBOY 黑白版《超級馬里奧兄弟》

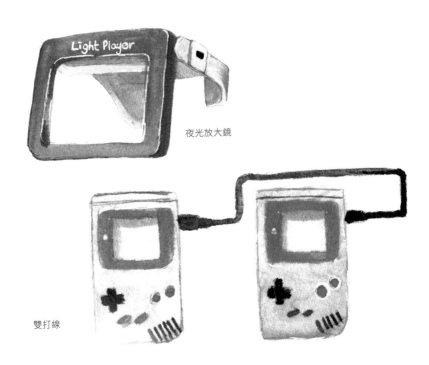

夜光放大鏡

雙打線

手。當中最令筆者印象深刻的是，我們經常會買一些「老翻」（翻版）遊戲卡帶，例如「100 in 1」（100 合 1）或「15 in 1」（15合 1）等，即是一盒遊戲卡帶內載有幾十款遊戲不等。「15 in 1」就是有 15 款遊戲在同一個卡帶內，但通常這種多合一的遊戲卡帶，經常會在遊戲的中途突然當機，或是在最緊張的關頭突然黑畫面，什麼都沒有了，又要重新玩過。當年的遊戲機不像現在，可以直接儲存遊戲記錄，留待下次開機時能從上次的關卡重新開始。因為這些多合一的遊戲卡帶，內部都載有多款經典的遊戲，讓玩家能一次過試玩，所以買這種「老翻」卡帶在當

時來說非常流行。另外 GAMEBOY 還可以設定雙打模式，只要把兩台機都連接上雙打線，就可以把兩台連繫在一起進行對戰，還有配帶具夜光功能的放大鏡，因為 GAMEBOY 螢幕小小，而且是黑白的，在夜間玩的時候容易看不清楚，這個放大鏡當時亦有很多人買來使用。

爆趣香港式老翻

蠱惑人的「100 in 1」遊戲卡帶

遊戲卡帶「100 in 1」內，其實就是把幾個相同的遊戲，換幾個名字，便成為了另外幾款遊戲。換句話說，在「100 in 1」的遊戲清單內，你會看到 100 個不一樣的遊戲名字，但實際上內裡只有十多款遊戲，可能第 1號、第 20 號、第 50 號的名字不一樣，但一打開遊戲，其實裡面都是

同款、同版的《超級馬里奧兄弟》！除了有「100 in 1」的遊戲卡帶外，其實最厲害的還有「800 in 1」的遊戲卡帶！

特別篇
九〇年代學生必備的最潮文化生活雜誌

香港年輕人的代名詞《YES!》

在那個 1990 年代是「看書娛樂文化」的巔峰期，對孩子來說「看書」不是平常被逼著要看到底，或是要將課本及參考書背得滾瓜爛熟，而是說漫畫和雜誌這一類娛樂書籍。在還沒有互聯網流行的 1990 年代，所有消息和新聞都是透過電視、電台、報紙和雜誌等傳統媒體釋出，可知當年有不少雜誌和港漫都是「消息來源」，很重視推陳出新，這些書籍對於「學生哥」來說都是在沉悶的學習過程中，缺一不可的解悶佳品，亦是八〇至九〇年代非常盛行的學生消遣活動。那一頁一頁翻著書本，手指觸碰到不

同紙張的那種質感，以及印刷油墨為紙張帶來的那種氣味，都是現代人使用平板電腦不會有的感覺，也是完全截然不同的體驗。就像筆者般，在電腦上看的文章很快就會忘記了，但在書中看的就會一直牢記著，這就是實體書的魔力。

　　能夠完全代表 1990 年代年輕人，無論是生活、思想、習慣、文化或潮流等，唯一只有《YES!》，它是一本全天候年輕人的雜誌，雖然已在 2014 年停刊，但當年有不少人是由第一期開始收藏到現在，如同筆者從小學便開始看，身邊所有朋友和同學都是《YES!》雜誌的忠實擁躉。每星期買一本，一推出便會跑到報紙檔認購，然後還會偷偷的帶回學校跟同學分

享，遇到自己喜歡的偶像頁面時，更會撕下來貼在書本上代替原本沉悶無比的課本封面；上課上到無聊時，蓋上書看著封面那個「靚仔」或「靚女」偶像就會覺得甜蜜蜜的，這就是我們 1990 年代的追星方式。

　　除了可以在《YES!》追蹤到自己偶像的消息外，雜誌中還有一個著名的單元「Miss Sex 熱線」，會為「學生哥」解答很多情竇初開的

少男少女「性事」問題，以及每星期都會以星探的形式發掘明日之星的「城市驚喜」單元；有很多著名的香港藝人在出道前，就曾經出現過在這個雜誌的單元上。有時如果遇上當紅偶像作為封面人物的話，更會引起學生們的瘋搶。印象中在筆者中學的年代，亦是香港著名藝人謝霆鋒和陳冠希等風靡萬千少女的時期，當時班上的女同學都分成謝霆鋒派，以及陳冠希派，每當他們成為封面人物時，就是這些同學出來瘋狂炫耀的時候。

《YES!》除了雜誌外，還會舉辦不同的學生活動，最著名的莫過於「全港校花校草選舉」，當年有不少曾在「城市驚喜」單元出現過的學生，都有參與過這個選舉，亦有不少校花、校草的冠軍人馬，現在已經是娛樂圈的著名藝人。至於第一屆的校草冠軍就是香港男藝人袁偉豪，以及比較著名的校花代表就是香港女藝人鄧麗欣（Stephy）。這個是校花校草選舉活動，每年都受到學生們熱烈追捧，而且有些同學更會偷偷把自己認識的「靚仔靚女」同學照片寄到《YES!》雜誌，提名他們參賽，更會有一些同學來個大整蠱，把一些樣子非常「普通」的同學照片也一同寄去參賽，因為參賽就可以刊登在雜誌上，而引發不少課餘以外的笑話。

另一個著名的《YES!》附屬產物就是「YES! 卡」，當年收藏「YES! 卡」是所有學生和孩子最愛的活動之一，在普通的扭卡機投入1元港幣就可以扭到一張，卡面上都是一些當紅的偶像和藝人。除了普通的彩色卡外，還會有閃咭、暗閃、夜光、雙面閃和閃中閃等帶有不同效果的卡種，這些直到現在仍然富有收藏價值，而且有部分帶有特殊效果的卡類，亦因為數量少而別具收藏意義。以前我們會把這些卡收藏在卡片簿內，然後和同學朋友交換分享，這也是儲遊戲卡文化的開端。

那些年的學校回憶

「學生哥，好溫功課！咪淨係掛住踢波！
最弊肥佬左，無陰功囉！同學亦愛莫能助！」
——《學生哥》許冠傑／1978 年

　　早年大熱的台灣電影《那些年，我們一起追的女孩》，當筆者看過後突然發覺……原來台灣的男學生都會這樣嗎？回想當年中學時期，筆者同班的男同學的確會這樣……在課室裡「自己運動」，完事後因為忘了事前準備衛生紙，得要不停問附近的同學借衛生紙……那尷尬至極的畫面，當時在班房內上演過無數次，那些時刻直到今天仍然歷歷在目；當真為那些男同學覺得尷尬，但他們本人當下真的一點都不尷尬。現在，就由筆者和大家分享一下那些年發生過的童年趣事，雖然有些回憶看似普通，但卻能成為了多年後讓我們會心微笑的回憶。

那些年學生的追星方法
從手抄歌詞到學懂中文輸入法

　　讀書的時候最怕就是被老師罰抄書，可知要拿著筆寫這麼多的字，手指真的會很痛，不像現在只是需要用電腦打字就可

以。以前的人們真的是一筆一畫用手慢慢、慢慢寫出來。在1990年代因為電腦還沒有普及，我們為了追捧自己喜歡的偶像，便會把雜誌上看到的歌曲歌詞記下來，用一本筆記簿把歌詞的每一個字細心慢慢抄寫，然後更會把自己最喜歡的歌，抄下來的歌詞貼在中文、英文或者是數學書內，因為這三科是佔據每天上課堂數比例最多的科目，有時上課太無聊，除了會看看貼在書本上的偶像照片外，更會無聊得跟旁邊的同學一起看著歌詞小小聲的唱歌。

到了1990年代下旬，學校開始有電腦的課程。往後幾年，電腦亦開始在每個家庭陸續出現，學生們都需要學習電腦打字，特別是中文打字，即倉頡輸入法或速成輸入法。當時作為中學

生的我們，為了更快掌握中文輸入法的使用，便會把原本要用手抄下的歌詞，改為用電腦逐個逐個字打下來，從而藉此練習中文輸入法的使用。自此原本筆記簿是用來記下歌詞，從那時起變

成為了記下每一個中文字輸入碼的重要字典，日子久了打了數十首歌曲的歌詞後，學生亦順利練成了中文打字的基本功。

那些年，學生的流行打扮

紅極一時的杜拉格斯頭 & 四季冷毛衣

1990 年代初期因一套超經典大熱動畫《龍珠 Z》（台譯：七龍珠），一個獨特的粉紫色（中間分界頭）美少年角色「杜拉格斯」（台譯：特南克斯）的突襲登場，令當年不少少年和明星都紛紛剪了同款髮型，我們便稱之為「杜拉格斯頭」。回到學校，大部分的男同學都是中分頭無誤，而且這個髮型熱潮更一直流行到 1990 年代中旬。到了筆者中學時期，學生無論是男生或女生都愛梳中分頭，而且每個人都習慣了每天出門前多花十多分鐘來打理髮型。為了保持那自我感覺良好的「杜拉格斯頭」，堅守那高高又不自然的「M 型前蔭」，男生每天都會塗上一層又一層厚厚的髮蠟加定型噴霧，女生則每天都會塗上豐盈又堅固的

定型慕絲加定型噴霧。還記得中學時真的人人都在梳中分頭，人人都是遇到大風吹，那「M型前蔭」都不會動一下，而且每位同學不分男女身上都會帶著扁梳和鏡子，以時刻「維修」那誓死不能塌下的髮型， 但是其實當時的學校是不能使用髮蠟，如果被老師發現的話，就會要大家即時用梳子梳掉這些髮蠟，然後頭上便會形成很多白色的粉末，那就是髮蠟的殘渣了。

除了髮型的流行內，在1990年代的學生更流行著一種「無理的堅持」，可能礙於青春期發育的關係，對於身材發育的尷尬，加上校服經常因為流汗並令內衣若隱若現，所以中學時期的學生們都喜歡穿上冷毛衣在校服外。無論是天氣多炎熱，身體已經爆汗全濕，那件冷毛衣依然是誓死不能脫下來。慢慢地男女生都堅持著穿四

季冷毛衣的習慣，還成為了學校最潮流的打扮。除了女生愛把校裙縮短，以及曾經紅極一時的大象襪子外，四季冷毛衣絕對是學校長青的流行服飾。

那些年的少女心事
寫信談心交換手帳

九〇年代後期，仍然是沒有手機和電腦的時代。當年筆者在中學時期，學校裡流行著女生寫信談心的習慣，收信的人不只是男生，女生亦會同樣收到。閨蜜之間如果有心事想要傾訴，就會以書信來溝通。大家雖然每天都會在學校見面，但有些話還是需要以文字來表達，所以女生交換信件，是非

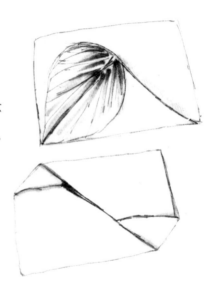

常平常的事。每天交換一封信，訴說自己和對對方的情感，進而在文字之中穩固與閨蜜之間的關係。後來，寫信這件事變得更講求，同學們開始追求美麗的信紙，用彩色的圓珠筆，還會把信紙摺成不同的形態，來顯示信件的獨特性。如果每天都能

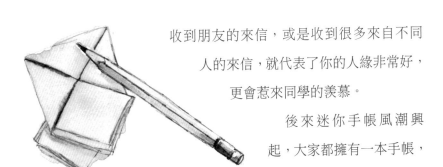

收到朋友的來信，或是收到很多來自不同人的來信，就代表了你的人緣非常好，更會惹來同學的羨慕。

後來迷你手帳風潮興起，大家都擁有一本手帳，還可以換上不同設計的活頁，有些頁面會用來寫下女生的心事日記，有些頁面則是用來抄寫最愛的偶像歌詞，更有些頁面是記下同學電話的電話簿功能，還會有日曆等。每天書包內都載著這一本厚厚的手帳本，其珍貴程度好比現在的手機。

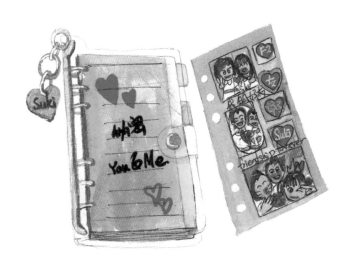

在那個時代，女生們會互相交換手帳活頁，還會買一些不同花款、可愛精美的貼紙貼在手帳上，當手帳開始流行後，女生們互相寫信的習慣開始轉移至手帳上繼續，寫好了的信會以「彩色膠紙」（即是現在的紙膠帶 MT）封好。當手帳收回來後，便需要把紙膠帶拆開來看內容，私密度極高，代表少女心事越祕密。另外，九〇年代下旬曾經流行一時的「貼紙相」（大頭貼）、貼紙相機，從日本引進香港，學生們都喜歡在下課後或放假時，和同學朋友到貼紙相機店，拍下一幅又一幅的貼紙相作留念，並將拍得美的貼到手帳上收藏。

那些年的暑假回憶
筆者的暑假都在學校度過

在中學時期，每到暑假就非常開心，開心不是因為可以放假，而是可以把所有課本都拿去作二手買賣，換來的錢就可以作為暑假的零花錢。為了令書本保持最佳狀態，用了一個學期還能歷久彌新，我們都喜歡開學買新書後，便悉心為書本的每一個書角以膠紙封好，然後再用包書膠包裝好才開始使用。書本包裝越講究，能保存書本新淨度就越高，但卻也慢慢發現因為常常要在書本內寫筆記，會讓暑假放售書時價錢降低，自此便開始使用上筆記簿，把所有要記錄的都寫在筆記本上，盡量避

免「筆」與「課本」的接觸。後來更決定不用自己的書本，上課時每次都直接問隔壁的同級朋友能否借書來用，因為一直都是用別人的書，故此自己的書就能一直保持新淨到學期完結。到了暑假，把書拿出來變賣就能拿到更多的金錢了。

另外，筆者每年的中學暑假，都是在學校度過。因為由初中起，筆者便是學校合唱團的一份子，加上當時我們校的合唱團在區內算是有一點名氣，在香港校際比賽也經常獲獎及得到名次，故此學校對於合唱團的訓練亦十分重視。作為合唱團的成員，每天早上都要比其他同學更早到學校，為的就是練習唱歌，有時如果遇到快要面臨大型表演或比賽時，連吃午飯時間更是沒有，放學時間也回不了家，全部都在音樂室內練習唱歌。

　　還記得學校最大型的一次表演活動，就是在 1997 年的區內
最大型回歸慶祝表演。當年為了這場表演，我們苦練了好幾個
月，比平常練習比賽歌曲還花上更多的時間，正常上課日時每
天練習四小時以上，所有學校假期和暑假，都要回到學校練習，
由早上練到黃昏，還要背上好幾首歌曲，國歌《義勇軍進行曲》、

《龍的傳人》……更要練習舞步及舞台走位等。那時候，是我們有生以來第一次認識什麼是「國歌」，在那之前我們基本上沒有接觸過，學校亦從來沒有教過。然而當時我們接觸國歌的原因，純粹只是因為節目表演需要。

那些年印證著童年的電視課程
教育電視 ETV

　　對於 1990 年代的學生來説，最喜歡的課堂必定是這堂──教育電視 ETV 課程，因為這是唯一能夠整個課堂都在看電視的課堂，而且播放的內容永遠都會比真實的老師，站在面前時來得更有趣及生動。每次課堂一開始，就需要由同學們一同把木

製電視機櫃,從隔壁的班房推到自己的班房內,老師會拿鎖匙把電視櫃開啟,然後同學們紛紛把窗簾落下,關掉所有燈,課室變得一片漆黑,便可以開始播放電視了。這個時候,同學們通常都非常專心的看電視,當然亦有些同學會趁著大家都專心的看著同一方向時,便開始無聊搗亂,也因為學生在看電視,老師也變得比較空閒,所以如果在這個時候搗亂的話,一定很快會被老師發現。

教育電視

英文名為:Educational Television,是自 1971 年至 2020 年間,由香港電台和教育局聯合製作的教育類電視節目,並免費於電視台播放。製作的目的是想藉著電視機的普及,讓學生能取得豐富的學習經驗和機會,更容易吸收學科上的知識。在香港的所有官立和資助學校,都會獲得配給播放節目所需的電視機和錄影器材,以便接收和播放教育電視節目頻道。教育電視的內容由小學課程橫跨至中學課程,所有節目的片長由 10 分鐘至 20 分鐘,基本上都設有英國語文、中國語文、數學和普通話等科目的節目。另外,中學課程還會額外提供學科和個人、社會及人民教育節目,小學則另設一科常識科節目,而且節目演員亦不乏著名的香港藝人出演。每一個學年會播放為期 32 週的

節目，於每週的星期一至星期五定時播出，而收看對象包括了幼稚園至高中生、教師和家長等。

隨著互聯網的普及，部分電視持牌機構演變成多媒體「學與教」資源，但所有教育科目節目均設有由教育局旗下的香港教育城網站，提供參考資料，有些更會配備視像光碟和多媒體互動教育光碟等，將不同的素材分派到所有學校。

直到 2020 年，通訊事務管理局以教育電視收視率持續偏低為理由，宣布於 2020 年 6 月學年結束後，免除本地電視持牌機構播放教育電視節目的要求，而且特區政府亦在同年 2 月的財政預算案上，宣布教育電視在 2020 至 2021 財政年度的撥款減至零，所有香港電台負責製作教育電視的員工，亦被調動至其他工作崗位；直到同年 4 月正式宣布結束製作。隨著同年 9 月，特區政府收回了位於廣播道的教育電視中心，於電視台收看教育節目的時代，就這樣過去了。

特別篇
爆笑阿媽傳說
阿媽嚇細路的經典謊言

出生於香港的小孩子，多多少少都是被阿媽「嚇大」，因為你一不聽話時，媽媽總會有千種萬種令你心服口服的方法。就算不打不罵都，能讓你跟隨他的意思去做，操控你的思想，甚至監管你的人生，讓你從小到大都受到這些「無中生有」的謊言控制。而且，這些話還會不知不覺地深入了你的血液，長大後明知是假的謊言，但你依然會不自覺的養成習慣去做，更成為你對下一代最實用的「教育」手段，並代代相傳下去。

阿媽話「食蔥會聰明啲㗎！」

想當年還記得是小學一年級的時候，筆者很不喜歡吃蔥，看到蔥就會把它撥走。直到有一天阿媽突然很認真的跟我說「你看姊姊就是因為會吃蔥，所以經常考第一名！而你就是因為不吃蔥，所以考不到第一名！」自此以後，為了讓自己也聰明點，每次看到蒸魚或煎魚上面的蔥花，便毫不猶豫的全數掃到碗上，全部吃清光。時間匆匆的過去，經過十多年後，筆者仍然沒能拿到第一名……雖然沒拿到第一名，但不吃蔥的壞習慣的確戒掉了，但是「吃蔥會變聰明」這件事絕對不要相信。

阿媽話「食飯唔乾淨，大個會嫁豆皮佬！」

　　這個算是最經典阿媽嚇細路的謊言了，因為恐慌度十足，而且無論是男孩或女孩，基本上每一個香港人在小時候都聽過這個謊言，亦因為被這句話嚇到，從此以後，「吃飯吃得不乾淨，日後會跟長滿暗瘡的人結婚」乖乖的把碗中所有飯粒吃完，絕對不會剩下一粒米。而且就算整碗飯吃不完，還是會乖乖的把剩餘飯粒堆在一起，整整齊齊的。因為真的生怕他日嫁的老公或娶的老婆，一面暗瘡爛面，那就不得了了！

阿媽話「香口膠食落肚，會黐住啲腸！」

　　小孩子很喜歡吃香口膠（口香糖），可能是因為牙齒生長的關係，經常牙痕，而且百無聊賴想要咬一下東西，就會吃香口膠，加上八〇、九〇年代香口膠是非常流行的零食，但是阿媽生怕孩子不懂吃，直接把香口膠吞掉，於是便會跟你說「香口膠吃落肚後，會把你體內的腸臟都給黏住，最終你就會不能長高，變成一個矮仔、矮妹了。所以要吃香口膠的話，就要多吃一點菜，和多喝一點湯，就不用怕會變矮仔、矮妹了。」

阿媽話「生嚿叉燒好過生你」

　　這句話絕對不是謊言，而且是阿媽這輩子裡最真心的真心話！每次當你做錯事，或者看你不順眼時，爸媽都會經常嘮說：「生嚿叉燒，好過生你」（生一個叉燒，比生你好），因為生叉燒，至少可以吃飽一頓，

阿媽話「你喺垃圾房執返嚟嘅！」／「你係石頭爆出嚟嘅！」

　　當小孩子怎麼打罵都不聽的時候，或是經常做錯事的時候，又或是考試、默書、測驗成績差的時候……媽媽最常說的話就是這句「你喺垃圾房執返嚟嘅」（你是從垃圾房拿回來的）。或是筆者最常聽到的「你係石頭爆出嚟嘅」（你是從石頭裡自己爆出來的，即不是「人類」生出來，而是「石頭」生你出來的）。所有說話的目的，均是想「強烈否認」你是她十月懷胎生出來。可能你太不聽話和太過不聰明，當媽媽想強烈否認現實時，就會說一個理由出來，總之就是你絕對不是他生的！

不用餓肚子，又好吃！把「你」生育出來後，又要養，又要教，花錢，是一輩子的事！如果你是乖乖的還好，相反的話，還要「頂心頂肺」頂撞到底，又一無是處，對家庭一點好處都沒有！所以這句話絕對是爸媽最常用的真心話，強烈代表著「後悔」·生育你，請你相信吧！

荔園

荔園於 1949 年開業至 1997 年正式結業，是一個滿載香港人童年回憶的大型遊樂場；位於九龍荔枝角區，多數人的回憶都是在幼稚園或小學時期，學校旅行會到訪之處。一進園內會有迴轉木馬，而且還有動物園，也可以餵食大象，更有老虎、美洲獅及鱷魚等，是一個充滿了歡笑聲的超經典遊樂場。

後記

　　決定寫《香港百年》的延續，就在 2021 年世紀疫症新冠肺炎已蔓延全球後，我們的日常被徹底打亂，每天的生活都盡可能與公眾隔絕，每天都盡可能留在家中，因為只有留在家中才不用帶上那悶得要命的口罩。每天看著新聞，疫情好轉了數月，大家的生活開始逐步回歸正常時，轉眼間又會因為一些大型的節日或聚會，把眾人連結在一起後，再大規模地感染並爆發，將所有人從正常生活拉回到困境中。無數次想吶喊，無數次覺得人生的無奈，到底要做什麼才能重回他日的日常⋯⋯

　　在這個人人都只顧自己的社會中，從《香港百年》卻看到了人們對香港的懷念。持續不斷的讀者來信，訴說著自己對香港的情懷，原來大家都是一樣的！有的人仍然在香港奮力打拚，既然沒能力離開，就只好傾盡全力在這裡放手拚搏；有的人懷著無奈的心情，離開家鄉遠走他鄉，需要重新投入生活；有的人和香港雖毫無關係，但卻比我們更關心香港故事⋯⋯原來大家是如此喜愛昔日的香港！在這資訊氾濫的年代，讓我這個升斗市民寫出身為香港人的心聲，以及作為香港人記錄下對香港歷史的認知！縱使肉眼看到的一切與我們認知的不同，但是真正的美麗會永遠藏在我們的心中！

　　開始寫《香港百年》的延續，就像為自己重新上一堂香港歷史課一樣，不斷的翻查香港百年前的歷史，一邊感嘆香港人是如何力爭上游到現在。幾代人的不斷努力，建造了現在如此奇蹟的香港！一頁一頁翻查著歷史書，了解著香港真正的歷史，書本始終是越舊越真實有味，哪怕花上更多的時間，去尋找一些絕版的書籍。因為當新舊共融時，書本和人類一樣越老越有味道！

　　一邊寫著《香港百年》的延續，疫情突然嚴重來襲，街上變得寂寂無人，人生第一次在晚上八點，走在旺角彌敦道中央，發現昔日燈光燦爛的不夜城，頓時變成了漆黑無人的荒涼街道，每門每戶都關著燈。更恐慌的是，當你經過醫院的外圍，盡是悽慘、崩潰與絕望，醫院內外的生與死……讓人痛心疾首，這是繼 2019 年社會大亂後，再次因為香港社會現況，令無數的香港人為之痛心！還記得那無數的晚上，寒冷的夜空下，有增無減的患者留落在沒有任何援助的街頭上等待救援，等待著那些微的溫暖。我們的醫護人員拚命的想救助每一位患者，但是在醫療面臨崩潰的情況下，有限怎能應付無限，那種愛莫能助的心情，那種拚盡一切也於事無補的絕望，醫護人員無奈且痛心的眼淚……就是那無數的夜晚，再次響起了事隔兩年，持續不斷的救護車鳴響。我們已忘記到底捱過了多少晚的徹夜難眠，只知香

港人都為此流下眼淚......原本以為已經沒有的事情可以再令我們感到絕望流淚，怎料這個先進無比經濟發達的城市裡，都會發生這樣的事情，所有人都想竭盡能力去拯救自己的家園，所有人都想「有人」能切身處的體驗一下我們的擔憂與心碎......誰人都懂得貼著地走才能知道世間疾苦！

到了寫《香港百年2》的尾聲，家園發生了無數令人無言又痛心的事情。代表著香港光輝時代的珍寶海鮮舫，沒有得到正確合適的保育，竟然在沒有任何正常運輸配備的情況下，在移離香港的途中，於公海的中央被沉沒了。古舊行業在自己的努力下，默默的為香港付出，但就被一個看似美好的所謂遠境，令幾十年甚至是百年老店，在沒有援助下，只能吞聲忍氣的被無情抹殺，即使負責人再有心經營傳承都好，得不到當權人的重視，結果只是不斷把前人的努力給潑冷水。香港人都在問「為什麼」的時候，其實我們的心中早已有答案，在香港「錢就是一切」。在這個資本主義的社會，沒有了生財價值，就算再有意義都只是垃圾而已！

香港距離正確的保育還有很遠的路途，除了熱心市民的付出和守護外，其實我們更需要的是社會上流的支持和參與，否則每次當重要歷史被推倒，然後引起社會一番熱議和鬥氣後，相同的事件就只能不斷重複發生，沒有一個正確的保育方式和方向，

而人們愛港的心，終究只會不停被磨滅直至殆盡而已。在這亂世中為香港的故事留下一點痕跡，是筆者我作為香港人的貢獻，香港人的生活，香港人的歷史，所有事情都值得我們以文字及圖像記錄下來。作為香港人的你們，作為愛香港的你們，其實都有責任為香港這個美麗的城市寫下了光輝的一頁。

正等待《香港百年 2》出版的期間，英女王伊利沙伯二世突然的離世，再次震撼了全球人的心。那一晚，很多人從夢中驚醒……原來女王走了！民間的氣氛亦滿是愁緒。一個在香港人日常生活中經常不以為意出現的身影，那仍流通的硬幣上，那不老的女王模樣……在街上仍能看到的女王名字……一瞬間，所有媒體都擁現著，那溫暖得能溶化人心的女王微笑。女王走了，我們都懷念她、敬重她，大家都想把女王帶給過我們的事蹟，給好好的記錄下來！

在此感激出版社和編輯，容許我繼續為《香港百年》寫下延續，其實還有很多很多香港的故事想要跟大家分享，因為百年歷史的香港真的很美沒錯，如果日後有機會的話，希望《香港百年》能夠繼續寫下去，讓筆者為大家努力的記錄下你們所喜歡的香港！在此亦感謝身邊無數朋友和家人的支持，在我絞盡腦汁都寫不下一隻字的時候，給了我無數的提示及支持，特別要感激 Wylie 媽媽，一直不厭其煩的為我分析內容和方向，以

及感謝我的好閨蜜 Mandy，為我提供繪畫必備的顏料！另外，亦想感謝一眾在社會上努力為香港歷史進行記載及承傳的人物、媒體、組織及機構，你們的努力令所有人看到香港的美麗故事，為前人的努力留下了最真實的痕跡。《香港百年》能夠得到大家的喜愛，在此要非常感謝各位讀者支持，雖然亦會看到零星讀者的惡意評擊，但人就是要在不同的聲音下學習及成長，再把這些負能量轉換成進步的動力，進而蛻變成更好的人。香港人實在很需要溫習一下，理智、包容、理解、接納及收斂，少一點事事投訴、樣樣亂評，多一點用心去感受和領會，別只顧自己的觀點而放錯重點，香港才能變得更美好！

最後，希望各位可以從《香港百年》系列認識香港這個地方的歷史及文化，進而啟發對香港歷史的興趣及承傳。香港人的故事都是很傳奇，每一個香港人都是拚了命的在社會生存，想當年的香港人有著無比的堅毅拚搏精神，是現代的人漸漸忘卻的事實。想要令香港重新站起來，我們需要的到底是什麼？是現代人需要反思的重要議題！當歷史古蹟逐漸被拆卸，前人的故事都被忘記，道理及人情都被捨棄時，一個沒有歷史的城市，再美也只是一個空殼而已！

雪姬

參考資料

書籍

雪姬《香港百年》，台灣，創意市集 / 2021
李繼忠《無法憶起 怎樣到達這裏》，香港，MOSSES / 2020
馮邦彥《香港金融史 1841 – 2017》，香港，三聯書店 / 2017

媒體報導

東方日報
松柏之聲
Historical Walk HK
HK01
香港電台
蘋果日報
果籽
Beginners
經濟通
Yahoo！新聞
大公報
香港記憶

歷史記錄與保育機構團體組織及粉絲專頁

活在赤柱
港識多史
香港文物 Hong Kong Heritages
長春社文化古蹟資源中心
中西區關注組
非物質文化遺產辦事處 ICHO
歷史檔案館 Public Records Office
歷史時空
香港老舖記錄冊 Hong Kong Historic Shops
香港公共屋邨圖片集 Timeless Estates HK
維城觸蹟
香港探古 Hong Kong Heritage Exploration
吳昊（老花鏡）
香港遺美 Hong Kong Reminiscence
香港歷史研究社
程尋香港 Hide and Seek Tour
昔日香港
香港隅地 HK Corners
香港故事館 HK House of Stories
全民保育行動
舊時香港
香港舊照片
Old HK in Colour

香港啟德機場

1925 年啟用，1998 年停用